AUTODISCIPLINA

Técnicas Que Ayudan A Desarrollar La Fuerza De Voluntad Y La Motivación Para Vivir Una Vida Exitosa

(Guía de acción para completar lo que empezaste e incrementar voluntad y cambiar tu vida)

Enzo Paz

Publicado Por Jason Thawne

© **Enzo Paz**

Todos los derechos reservados

Auto-Disciplina: Técnicas Que Ayudan A Desarrollar La Fuerza De Voluntad Y La Motivación Para Vivir Una Vida Exitosa (Guía de acción para completar lo que empezaste e incrementar voluntad y cambiar tu vida)

ISBN 978-1-989891-18-6

Este documento está orientado a proporcionar información exacta y confiable con respecto al tema y asunto que trata. La publicación se vende con la idea de que el editor no esté obligado a prestar contabilidad, permitida oficialmente, u otros servicios cualificados. Si se necesita asesoramiento, legal o profesional, debería solicitar a una persona con experiencia en la profesión.

Desde una Declaración de Principios aceptada y aprobada tanto por un comité de la American Bar Association (el Colegio de Abogados de Estados Unidos) como por un comité de editores y asociaciones.

No se permite la reproducción, duplicado o transmisión de cualquier parte de este documento en cualquier medio electrónico o formato impreso. Se prohíbe de forma estricta la grabación de esta publicación así como tampoco se permite cualquier almacenamiento de este documento sin permiso escrito del editor. Todos los derechos reservados.

Se establece que la información que contiene este documento es veraz y coherente, ya que cualquier responsabilidad, en términos de falta de atención o de otro tipo, por el uso o abuso de cualquier política, proceso o dirección contenida en este documento será responsabilidad exclusiva y absoluta del lector receptor. Bajo ninguna circunstancia se hará responsable o culpable de forma legal al editor por cualquier reparación, daños o pérdida monetaria debido a la información aquí contenida, ya sea de forma directa o indirectamente.

Los respectivos autores son propietarios de todos los derechos de autor que no están en posesión del editor.

La información aquí contenida se ofrece únicamente con fines informativos y, como tal, es universal. La presentación de la información se realiza sin contrato ni ningún tipo de garantía.

Las marcas registradas utilizadas son sin ningún tipo de consentimiento y la publicación de la marca registrada es sin el permiso o respaldo del propietario de esta. Todas las marcas registradas y demás marcas incluidas en este libro son solo para fines de aclaración y son propiedad de los mismos propietarios, no están afiliadas a este documento.

TABLA DE CONTENIDO

PARTE 1 1

INTRODUCCIÓN 2

CAPÍTULO 1 8

¿CÓMO PUEDE EL ENFOQUE DEL ÍDOLO AYUDARLO A TENER LA VIDA CORRECTA? 8

¿QUÉ ES LO QUE HACE QUE TODO ESTO SEA PELIGROSO? 13

CONVIÉRTASE EN SU PROPIOÍDOLO 15

¿QUÉ ES LA IDOLATRÍA? 16

EL SEGUNDO COMÚN DENOMINADOR DE LA CULTURA DE CELEBRIDADES: INVERSIÓN EMOCIONAL 20

LA *IDOLATRÍA INTELIGENTE* EN REALIDAD NO ES IDOLATRÍA; SINO UN ENFOQUE BIEN DIRIGIDO 24

LA ESENCIA DE UN EFECTIVO ENFOQUE DEL ÍDOLO 30

QUE NORMALMENTE NO POSEEN. 32

A RESUMIDAS CUENTAS: USTED ES AQUELLO EN LO QUE SE ENFOCA 38

CAPÍTULO 2 42

CONSTRUYA SU ÍDOLO DE CLARIDAD 42

CONSTRUYA SU YO IDEAL 44

ENTIENDA QUE ESTOS SON LA FUENTE DE SUS RESULTADOS 47

LAS METAS ESCRITASDESENCADENAN SUS IDEALES .. 49

LA CAPACIDAD VIENE ANTES QUE LA AUTOESTIMA 50

SUS IDEALES LO IMPULSAN A DESHACERSE DE LA

MENTALIDAD TOXICA	56
LOS IDEALES CORRECTOS LO LLEVAN A RESULTADOS CORRECTOS EN TODAS LAS ÁREASDE LA VIDA	58
CAPÍTULO 3	65
VISUALICE EXCELENCIA	65
VISUALICE EN 3D	66
ACEPTEEL TRABAJO	71
COMPRENDA LOS BENEFICIOS CLAVES DE LA VISUALIZACIÓN	73
CAPÍTULO 4	79
RESPONDA A LA VIDA BASÁNDOSE EN SUS IDEALES, NO SUS CIRCUNSTANCIAS	79
EL ENFOQUE DEL ÍDOLO LE RECUERDA SU CARÁCTER IDEAL	81
EFECTO #1: USTED EVITA REACCIONES EMOCIONALES.	84
EFECTO #2: MANTIENE LAS COSAS EN PERSPECTIVA.	85
EFECTO #3: EVITA CONTRATIEMPOS PERSONALIZADOS	87
EFECTO #4: DESAFIÉ EFECTIVAMENTE EL ESTRÉS EN LUGAR DE HUIR DE ÉL.	89
EFECTO #5: PERSEVERANCIA	91
CAPÍTULO 5	93
DESENCADENE EL PODER DE LA ESCALADA	93
EL INGREDIENTESECRETO	93
CONCLUSIÓN	98
PARTE 2	101
INTRODUCCIÓN	102
CAPÍTULO 1	106

ENTENDIENDO LA AUTODISCIPLINA. **106**

CAPÍTULO 2 .... **112**

¿PORQUÉ NECESITAS SER DISCIPLINADO? **112**

COMPONENTE VITAL DEL ÉXITO. 113
CREA UNA IDENTIDAD PARA TI. 113
AFINA SU ENFOQUE. 114
PROPORCIONA UN MAPA CLARO HACÍA EL ÉXITO 115
AYUDA A OTROS A CONFIAR EN TI. 115
TE ENSEÑA PERSEVERANCIA. 116
TE PROTEGE DE LAS DECISIONES PRECIPITADAS E IMPULSIVAS. 117
TE MOTIVA. 117
CREA CONFIANZA EN SÍ MISMO. 117
TE MANTIENE A CARGO. 118
UNA RUTINA ORDENADA. 118

CAPÍTULO 3 .... **119**

LOS SIETE PILARES DE LA AUTODISCIPLINA. **119**

CAPÍTULO 4 .... **123**

AMENAZAS A LA AUTODISCIPLINA. **123**

NEGATIVIDAD. 124
FALTA DE ENFOQUE. 124
BAJA ESTIMA. 124
MIEDO AL FRACASO 125
PROCRASTINACIÓN. 125
IMPACIENCIA. 126

CAPÍTULO 5 .... **127**

PLAN DE DIEZ DIAS PARA ADQUIRIR AUTODISCIPLINA Y CONSTRUIR UN COMPROMISO CON LAS TAREAS Y METAS. **127**

DÍA 1: IDENTIFIQUE SUS PRIORIDADES Y DESEOS. 128
DÍA 2: EVALUAR SUS FORTALEZAS Y DEBILIDADES. 129
DÍA 3: ENTENDER SUS OPORTUNIDADES Y OBSTÁCULOS POTENCIALES. 129

Día 4: Crear un plan. 131
Día 5: Condiciona tu mente. 131
Día 6: Eliminar las tentaciones / hacer sacrificios. 132
Día 7: Inspírate. 132
Día 8: Iniciar el proceso. 133
Día 9: Mide tu progreso. 133
Día 10: Premiar su disciplina. 133

CONCLUSIÓN 135

Parte 1

Introducción

¿Está usted viviendo la mejor vida de la que es capaz? Por favor responda con honestidad.

¿Está perfectamente satisfecho con la forma en que se desarrolla su vida? ¿Está feliz con lo que hace para vivir, las personas de las cuales se rodea y cómo se siente sobre su persona?

¿Cuándo se mira en un espejo, lo hace esperando encontrar esa persona reflejada frente a usted? Si no es así... bienvenido al club.

La mayoría de las personas viven muy por debajo de su potencial. Eso es un hecho. Todos se sienten frustrados por una causa u otra. Todos sienten que de alguna manera, están incompletos y podrían usar alguna mejora.

Sin importar lo que hagan, sienten que

simplemente no es suficiente. Talvez no están trabajando en sus empleos soñados. Quizás sienten que las personas en sus vidas no los entienden completamente. Posiblemente sienten que merecen un mejor físico.

Hay tantas maneras en las que la gente se frustra. Esto no significa que sean tontos, holgazanes o incompetentes. La mayoría de nosotros hacemos uso del tiempo, el esfuerzo y la energía para hacer cambios en nuestras vidas.

Pero desafortunadamente, muchos son los que terminan lejos de lograr aquello que querían. ¿Cuál es el problema? ¿En qué nos quedamos cortos? ¿Qué es lo que falta?

¿La respuesta? Enfoque. Como dice el refrán: "Donde va tu enfoque, va tu energía".

Lamentablemente, es fácil concebir una idea de lo que queremos hacer, quien quisiéramos ser y la clase de personas con las que queremos rodearnos. La gente no suele tener dificultad en pensar estas ideas.

El problema es el enfoque. Mientras más deseemos estas cosas, a medida que pasa el tiempo nuestro enfoque se torna difuso, se diluye o toma una dirección diferente.

Terminamos haciendo excusas. Nos distraemos. Perdemos perspectiva y muchos de nosotros pronto nos quedamos en el camino.

¿El resultado? Vivimos una vida de arrepentimiento. Simplemente hay tantas cosas en las que nos podríamos haber convertido. Tantas cosas que deberíamos haber hecho. Tantas cosas en el mundo que podríamos haber hecho.

A menudo, culpamos a otros de porque no estamos viviendo la vida que quisiéramos. Esto es injusto para la gente que culpamos. Puede que se sienta bien o cause una sensación de alivio cuando hacemos esto pero, a la larga, es injusto para ellos, y si lo pensamos con detenimiento, es injusto para nosotros. A menudo, apuntamos a otros para explicar porque no somos tan efectivos cómo podríamos ser.

El problema es el enfoque. Nos enfocamos en otras personas. Miramos a las celebridades como modelos a seguir y nuestro enfoque se va con ellos.

También nos enfocamos en las expectativas que los demás tienen de nosotros.

Demasiados de nosotros malgastamos nuestro limitado enfoque en experiencias traumáticas y recuerdos del pasado.
Y finalmente, muchos nos enfocamos en nosotros mismos de la peor manera posible. Desarrollamos un susceptible sentido del orgullo que nos hace incapaces de tolerar el más leve atisbo de crítica.

Pensamos que cualquier clase de crítica a

nuestro desempeño o a las cosas que hacemos habitualmente es la peor clase de insulto personal. Esto ha causado unas profundas reticencia a cambiar y terquedad en seguir haciendo las mismas cosas de la misma forma.

Todo se resume al enfoque. Si está sufriendo de alguna manera, o por algún motivo, es porque se ha manejado en la dirección incorrecta y de manera desenfocada.

Este libro le enseñara cómo enfocarse en usted mismo de la manera correcta. El enfoque apropiado lleva a que supere sus inseguridades, construya confianza real y orgullo positivo, abandone hábitos que le drenan su energía, supere miedos que lo retienen, encontrando el poder de perseguir su sueño y logre de manera efectiva deducir el camino para una vida correcta.

Será capaz de determinar la mejor vida a llevar basada en sus valores personales.

Una vez que establezca esto, usted será capaz de enfocarse en esto para vivir una vida completa, una vida de integridad.

Capítulo 1

¿Cómo puede el enfoque del ídolo ayudarlo a tener la vida correcta?

Dejemos una cosa en claro. Si usted está frustrado, sufre de arrepentimiento al compararse constantemente con otros y se siente atrapado en su vida, puede que esté viviendo la vida equivocada. Quizás este recorriendo el peor guion escrito para su vida. Usted ha estado recibiendo las indicaciones erradas todo este tiempo.

Sé que esto suena a locura. Quiero decir, ¿Quién puede vivir la vida de alguien más? ¿Quién seguiría conscientemente un guion previamente escrito para su vida? ¿Acaso no hay libre albedrio? ¿No tiene usted su propia voluntad individual?

Bueno, así es como se supone que debe ser. Se supone que debemos escribir por nosotros mismos la historia de nuestro camino por la vida. Esa es la manera en que supuestamente debe suceder. Desafortunadamente, hay una gran diferencia entre lo que se supone que la gente debe hacer y lo que hace en realidad.

La gente se auto promociona. Esto es especialmente cierto en los Estados Unidos. Se supone que debemos marchar al compás de nuestro propio tambor personal. La individualidad, después de todo, tiene un valor muy alto en nuestra cultura.

Sin embargo, cuando observe el hecho de que las personas tienden a usar los mismos relojes, conducir los mismos autos, hablar sobre los mismos temas, enfrascarse en las mismas actividades basadas en donde se vive o con quien se pasa el tiempo, entonces será capaz de notar la desconexión.

Hablamos mucho sobre la individualidad pero nuestras vidas están llenas de conformidad. Nos conformamos con nuestra comunidad, nuestra expectativa de familia y, finalmente, con la opinión de otras personas sobre quien debemos ser.

Esto lleva a toda clase de problemas si usted vive ajeno a las críticas y sin consciencia.

¿Por qué es que la gente hace esto?

La gente vive las vidas equivocadas por las siguientes causas: obligaciones familiares, vivir de acuerdo a la validación y aprobación de otros. Toman el camino que ejerce menos resistencia. Siguen el camino que es familiar. El camino que se ve muy atractivo al principio.

El problema con las obligaciones familiares es que, a menudo, están arraigadas en nuestro pasado, en una cultura pasada y en metas pasadas. Lo que puede haber funcionado para sus abuelos puede no funcionar tan bien para usted en el aquí y el ahora.

Vivir una vida basada en obligaciones familiares puede significar que usted está usando el guion que está obsoleto, es impráctico o incluso dañino.

Muchas personas viven por la aprobación de otros. Es un callejón sin salida. Como reza el dicho, "no puedes hacer feliz a todos todo el tiempo". En algún punto, tendrá que tomar una decisión que afectara negativamente a algunas personas.

No puede vivir su vida tratando de impresionar constantemente a los demás. Eso simplemente no va suceder. Puede llegar al punto donde deja satisfecha a mucha gente por un tiempo. Eso es lo mejor que puede hacer.

Sin embargo, incluso el intentar hacer feliz a todos todo el tiempo, terminara por agotarlo. Lo peor de todo es que puede llegar a hacer cosas que no reflejan para nada su carácter.

Odio decirlo pero, tarde o temprano, la gente tiende a haraganear. Toma menos esfuerzo dejarse llevar. Consume menos energía seguir la corriente y llevarse bien con cualquiera. Este es el camino más fácil. Y la gente tiene una tendencia natural por hacer lo que es fácil.

Lamentablemente, lo que es fácil ahora quizás tenga un alto costo cuando hablamos de su felicidad y plenitud individual futura. Puede que se vea rápido, fácil y conveniente ahora, pero puede que lleve a un callejón sin salida. Usted estará pagando un precio muy alto. Solo que no lo sabe. Quizás no esté completamente consciente, pero eso es lo que sucede.

Esto lleva a seguir lo que es familiar. Solo porque otras personas viven sus vidas en una cierta manera no significa necesariamente que usted deba seguir ese mismo camino. Talvez funciono para ellos, pero eso no lo absuelve a usted de la responsabilidad de descubrir que es lo que funciona para usted.

∙∙∙∙∙∙∙∙∙∙∙∙∙∙∙∙∙∙∙∙∙∙∙∙∙∙∙∙∙∙∙∙∙∙∙∙∙∙

¿Disfruta hasta ahora del libro? ¡Por favor, considere el dejar una reseña honesta de este libro en Amazon, nos ayudara enormemente a incrementar nuestras ventas y crear más libros de alta calidad para usted!

Presione *aquí* para dejar una reseña (al pie de la página).

¡Gracias!

∙∙∙∙∙∙∙∙∙∙∙∙∙∙∙∙∙∙∙∙∙∙∙∙∙∙∙∙∙∙∙∙∙∙∙∙∙∙

¿Qué es lo que hace que todo esto sea peligroso?

Entonces, ¿Qué tiene de especial vivir su vida fuera de las obligaciones familiares o sin la necesidad de la aprobación de otros? ¿Qué hay de malo en tomar el camino más fácil o perseguir aquello que es familiar o seguir caminos que lleven a una vida equivocada?

Bueno, todo se reduce a una sola cosa: balancear el tiempo.

Lo que esto significa es que, cuando empiece a vivir su vida de acuerdo a las razones arriba mencionadas, se verá como que usted tiene la libertad de cambiar de dirección en cualquier momento y empezar de nuevo. Esto es una ilusión porque mientras continúe viviendo la vida equivocada, se volverá cada vez más difícil volver al punto al que necesitas ir.

Tarde o temprano, se alcanza el punto sin retorno. Cuesta más y más el retroceder, y usted sentirá que no está funcionando así que se adherirá a lo que sea que haya hecho. No obstante, mientras más lo siga haciendo, se volverá más costoso en términos de tiempo, esfuerzo y energía.

En definitiva, el camino lo cambia a usted. Se vuelve casi imposible de abandonar.

En resumidas cuentas es usted quien

termina en un lugar donde no está muy contento. Usted termina en su vida actual.

Afortunadamente, no tiene que continuar. Hay una respuesta a sus frustraciones.

Conviértase en su propio ídolo

Si se convierte en su propio ídolo y redirige su enfoque hacia usted mismo, puede guiarlo a una salida. Definitivamente puede darle esperanzas de un mejor futuro para usted. También le da algo más en que enfocarse.

Se comprende que muchas personas pueden encontrar este concepto desconcertante, perturbador o lisa y llanamente raro. ¿Por qué se convertiría en un ídolo? ¿Por qué debería verse envuelto en cualquier forma de idolatría o culto al ídolo?

Bueno, hay mucha malinterpretación entorno a la frase "culto al ídolo". Existen toda clase de viejas películas donde se representan dioses paganos y es bastante fácil el confundir el culto al ídolo en los tiempos modernos con esas prácticas. Sin embargo, a pesar de tener mucho en común; el tipo de culto al ídolo que voy a enseñarle es sumamente diferente.

¿Qué es la idolatría?

El equivalente moderno a la idolatría no tiene nada que ver con hacer reverencias, pagar tributo y venerar imágenes hechas con piedra, madera, metal o arcilla. En cambio, el equivalente moderno es la cultura de las celebridades. Nos enfocamos en celebridades. Puede ser Kanye West, Beyonce Knowles, Donald Trump, Brad Pitt, Angelina Jolie, Bill Gates, los fallecidos Stephen Hawking y Steve Jobs, usted elige.

La idolatría involucra una persona de cierto renombre, y nos enfocamos en su personalidad, sus metas, sueños, opiniones y actitudes ante la vida. Vemos esto como modelos de lecciones inspiradoras que nos guían en nuestra vida diaria. Los vemos con una forma de reverencia. Ellos saben lo que están haciendo. Ellos nos inspiran. Nos guían por un mejor camino.

Estas celebridades pueden tomar diferentes formas porque se enfocan en diferentes campos. Hay ídolos para el mundo de los negocios. Hay celebridades para el mundo del espectáculo. Hay ídolos políticos. Existen muchos de estos, pero todos tienen una cosa en común. El común denominador es que todos llaman la atención, todos atraen enfoque.

Cuando la gente se enfoca en ellos, se moldean a sí mismos de alguna manera en ciertas áreas de sus vidas siguiendo el ejemplo de estos individuos. Los vemos como modelos a seguir. Nos hacemos la pregunta, "¿Qué es lo que haría (Celebridad X) en esta situación?, ¿Qué pensaría (Celebridad X) sobre este tema?"

Cuando este tipo de preguntas entran en

nuestras mentes, definitivamente estamos usando estas celebridades como modelos a seguir. También nos enfocamos en ellos como fuente de inspiración.

Usted mira a sus biografías. Por ejemplo, Steve Jobs, el cofundador de Apple, iniciando esa compañía multimillonaria en el garaje de sus padres.

Vemos esos inicios humildes y nos sentimos inspirados. Captamos la lección en la que realmente no importa cuánto dinero se tiene en el bolsillo o su nivel de educación o su falta de contactos. Mientras tenga ese gran sueño, puede lograrlo. Puede ser inmensamente recompensado por sus sueños. Las biografías de estos ídolos no llenan de esa esperanza.

También nos enfocamos en las celebridades como una fuente de estándares. Si George Clooney dice que cierta figura política no es digna de nuestro respeto y atención, nos sentamos y prestamos atención. Entre más escuchamos a George Clooney, más estamos de acuerdo con él, y empezamos a ver a ciertos políticos de otra manera.

¿Por qué? Cuando nos enfocamos en nuestros ídolos y celebridades como fuente de estándares, le damos automáticamente el beneficio de la duda. Nosotros básicamente permitimos que las preferencias y estándares de las celebridades se vuelvan nuestras, de manera que empezamos a filtrar la realidad a través de estos estándares.

Este es un recurso muy poderoso. No es sorpresa que tantas celebridades amasen enormes fortunas por promocionar productos. Los anunciantes que contratan a estas celebridades no son estúpidos. Ellos saben lo que están haciendo.

Ellos entienden el proceso en el que cuando una persona realmente le gusta una celebridad tal como Celine Dion, lo más probable es que le dé el beneficio de la duda. Así, cuando ella recomiende su whiskey, brandy o auto favorito, sus seguidores no lo pensaran dos veces. Ellos piensan que esta recomendación tiene todo el sentido del mundo.

El segundo común denominador de la cultura de celebridades: Inversión emocional

Cuando se tiene un ídolo, uno se identifica con éste a un nivel emocional.

Por ejemplo, si eres un gran fanático de las computadoras Apple y todo el legado de Steve Jobs que tienen detrás, es bastante sencillo para usted mirar sus preferencias de consumidor de una manera muy personal. Usted se deja llevar por el pensamiento de que existe algo conocido como cultura del usuario de Apple. Hay algo característico sobre la comunidad de seguidores de Apple. Usted simplemente mira al mundo de una manera diferente a como lo hacen los usuarios de otras máquinas.

Este es el motivo por el que los críticos de los entusiastas Apple los llaman *fan boys de Apple* o *Fanáticos de Steve Jobs*. Eso no es un halago.

En realidad todo se resume al hecho de que, en gran parte, las personas que en verdad están obsesionadas con todo lo referente a las computadoras Apple, tienen un conflicto de mentalidades del tipo dentro o fuera. O está dentro con *nosotros* y entiende de qué se trata la cultura Apple, o esta fuera y es uno de *ellos*. Usted realmente no sabe que es lo que está haciendo. Usted en realidad no es tan discriminativo cuando se trata de productos de computación.

Esta dinámica del conflicto *dentro-contra-fuera* y *nosotros-contra-ellos* no se limita solo al fandom de Apple. También se aplica a la cultura de las celebridades. Solo necesita ver el ejemplo de Donald Trump. Existen muchos seguidores acérrimos de Trump que ven el mundo de cierta manera, como también hay detractores acérrimos de Trump con su propio punto de vista.

Decir que estos dos grupos no pueden ni verse es quedarse corto. De hecho, ha llegado a causar violencia.

Sin embargo, cuando observas al núcleo de estas comunidades, se percibe como una inversión emocional. Están comprometidos emocionalmente a tal grado en las celebridades que actúan como sus objetos de enfoque y el mundo se ha tornado blanco y negro.

Existe un tremendo sentimiento de inversión emocional involucrado cuando separa al mundo en lo que usted reconoce como su tribu y todas las demás personas. Dentro de esta tribu hay un formidable sentido de comunidad. Sentimos que estamos conectados con algo más grande, elevado y noble que nosotros mismos. Al final, esto lleva a que se experimente una sensación de destino compartido.

Si usted va a una reunión del club de usuarios de Apple, podrá ver verdaderos fanáticos de Apple. Usted vera que hay una gran cantidad de fe puesta en las decisiones de diseño de Apple. Desde que estas personas con intereses en común tienden a formar tales clubes, desarrollan un sentido de "nosotros", "nuestro". Suena asombros, ¿verdad?

¿Quién no querría comunidad? ¿Quién no querría aspirar a algo mucho más elevado? ¿Quién no querría contar con una fuente de inspiración? Sin embargo, hay un problema.

Existe una diferencia entre la idolatría inteligente y la idolatría penosa. Aunque no lo crea, su mente está programada para buscar ídolos. Siempre está buscando moldearse a sí misma en contraste a algo más grande, elevado y poderoso que usted mismo.

No hay vergüenza en esa tendencia. Es así

como usted está programado. Es algo perfectamente normal, pero el problema está en saber si lo está haciendo de la manera inteligente o lo está haciendo de manera muy penosa y potencialmente peligrosa.

La *idolatría inteligente* en realidad no es idolatría; sino un enfoque bien dirigido

Por favor entienda que la definición tradicional de idolatría toma un camino bastante diferente cuando se trata de "idolatría inteligente". Todo es cuestión de dirigir bien en que nos enfocamos.

El problema con la cultura de las celebridades y otras formas de idolatría es que usted se pierde por enfocarse en el centro del culto a esa celebridad. Realmente no hay otra manera de describirlo. Es un culto. Si observa cualquier clase de creencia o religión nueva, suele haber un líder. Suelen haber un centro espiritual.

Lo mismo se aplica a las celebridades, científicos, lo que usted prefiera. Todo se reduce a algún tipo de persona más grande que la vida, que se encuentra en el medio de esa comunidad de intereses compartidos. Estos intereses se centran en la persona que es adorada.

La idolatría inteligente es completamente distinta. Usted nunca deja de ser usted. No se pierde a sí mismo ni deja ir ningún componente clave de su personalidad e identidad para convertirse en parte de una comunidad más grande. Esto se debe al hecho de que usted conoce el límite entre su *ego* y su *yo*, como también los de aquellas personas a las que admira. Usted sabe dónde termina usted y comienzan ellos.

Esta es una dinámica muy diferente comparada con la forma en que la idolatría suele actuar. Las personas sienten una devoción ciega por sus modelos a seguir. Repiten como loros lo que sea que esa persona piensa o recomienda.

No es una sorpresa que cuando las figuras religiosas demuestran tener sentimientos humanos como usted y yo, una gran parte de sus seguidores pierde la cabeza. Se sienten completamente desilusionados. Se sienten desproporcionadamente decepcionados.

La razón de esta reacción desmedida es porque han estado imitando ciegamente a sus celebridades u objetos de obsesión. Si no estuvieran haciendo eso, entonces tendrían una relación sana con el objeto de su afecto. Habría un balance saludable. Sabrían que las personas siguen siendo personas, sin importar que tanto se las admire.

Esto significa que cuando estas personas cometen errores, como usted o como yo, no se lo toman tan a pecho. Ellos sabrían que eso es parte del juego.

La idolatría inteligente no se ve afectada por esto porque existe un saludable límite entre el *ego* y el *yo* del creyente y las personas que admira.

Esto es lo que eleva y desbalancea parcialmente una mezcla de razón y emoción. No se equivoque, las personas que practican la idolatría o manejan su enfoque de la manera correcta se ponen emocionales también. Las emociones siempre serán parte de la mezcla. Pero, hay una saludable proporción dedicada a la razón. La razón nunca abandona la formula.

Compare esto con los cultos a la personalidad y a las celebridades. La conexión es casi puramente emocional. Es ciega. No sabe de razón.

No es sorpresa que esto atraiga las emociones básicas de la gente. Puede guiarlo a tener experiencias realmente intensas, pero también puede tornarse en una situación muy dolorosa cuando la atención del centro del culto cae de alguna manera.

Finalmente, la idolatría inteligente ve a la adoración hacia un ídolo como el medio principal para un fin. En otras palabras, ellos saben lo que están haciendo, saben que la idolatría es una herramienta para llegar a cierto destino o alcanzar u obtener cierto resultado. No lo están viendo como alguna clase de respuesta máxima para los interrogantes de la vida.

Son demasiado maduros para eso. Entienden que si usted necesita sortear las más grandes adversidades para lograr lo que quiere. La mejor herramienta será un martillo. Si necesita girar un tornillo, su mejor apuesta será usar un destornillador.

Ellos abordan la idolatría con el mismo pragmatismo. Es un medio para un fin. No es un destino en sí mismo. No es el objetivo primario o principal.

Compare esto con la mentalidad de un culto. Cuando las personas se unen a un culto, ya sea secular, místico, religiosa o lo que sea que usted pueda imaginar, están buscando perderse. Están buscando convertirse en parte de algo que es más grande porque no están felices con quien son en el interior.

En otras palabras, ellos basan todas sus esperanzas en el centro de sus obsesiones. El culto se ha convertido en su vida. Ya dejo de ser una herramienta. En cambio, los define.

Pero no se equivoque, si usted adopta una mentalidad de idolatría penosa, se va a decepcionar. Es solo una cuestión de tiempo. Sucederá tarde o temprano.

Porque, enfrentémoslo, si adopta cualquier clase de pensamiento que involucre el culto, y de verdad se pierde en la persona o idea de persona que está adorando, descubrirá, generalmente de la peor manera posible, que todos los ídolos tiene pies de barro. Son tan humanos como usted.

Todos los seres humanos son imperfectos por definición. Siempre hay lugar para mejorar. Todos tenemos nuestras fallas.

La esencia de un efectivo enfoque del ídolo

Ahora que tiene una idea clara de lo que la idolatría inteligente y el enfoque correctamente manejado no son, permítame definir más a fondo el enfoque del ídolo efectivo. Recuerde que todo gira en torno a lo que usted hace con su enfoque personal apropiadamente manejado, su enfoque puede ayudarlo a vivir la vida que usted siempre soñó.

¿Lo mejor? Usted siempre está en control. Usted es quien manda. Quien toma las decisiones finales.

Entonces, ¿Cuál es la esencia de un enfoque de ídolo efectivo? Pues, hay diferentes partes.
Primero, le permite plantearse estándares realistas y alcanzables. Cuando usted

adopta un efectivo enfoque del ídolo, está planteando los estándares para usted mismo. Está basado en la realidad, pero eso no significa que usted plantee estándares bajos.

Esto no significa que deba aceptar lo que sea que pueda conseguir. En cambio, plantéese estándares lo suficientemente altos para que sean alcanzables, pero al mismo tiempo, lo empujen a lograr niveles más elevados de éxito.

Segundo, proyecta un ideal que trabaja para usted en lugar de en su contra. El problema con el cómo la mayoría de las personas abordan la idolatría es que saben que están persiguiendo un espejismo. En un nivel u otro, ellos saben que están buscando la perfección.

Saben que no tiene sentido, pero el lado emocional toma lo mejor de ellos. Sienten que son parte de una colectividad más grande. Sienten que son parte de algo más importante que ellos mismos. Es por eso que están dispuestos a intercambiar un escepticismo razonable y lógica básica por un fugaz sentido de comunidad e identidad que sienten

que normalmente no poseen.

El enfoque del ídolo efectivo va en una dirección completamente diferente. Usted todavía está estableciendo ideales, pero estos trabajan para usted en vez de en su contra. Estos lo motivan en lugar de desanimarlo. Porque, enfrentémoslo, cuando usted sabe que está trabajando en algo imposible, tarde o temprano terminara por rendirse. Al final, habrá un momento de claridad en que usted se diga, "¿Qué estoy haciendo? Ya sé que estoy persiguiendo una fantasía. Sé que estoy buscando algo que no existe."

El enfoque del ídolo efectivo lo motiva porque le permite crearse estándares autónomos. Que no son imposibles o directamente fantásticos. Por otro lado, no son tan mundanos ni tan básicos que fallan en motivarlo.

El tercer elemento del enfoque del ídolo efectivo involucra su zona de confort. El enfoque del ídolo crea un ideal que logra impulsarlo fuera de su zona de confort. Siempre lo desafía a ser mejor. No lo hace retroceder ante estándares imposibles. No lo intimida.

En cambio, genera situaciones donde usted se ve impulsado a ser mejor y tratar con más ahínco. Esto le permite liberarse de sus miedos e inseguridades. Toda la pereza y procastinación que usted experimenta regularmente en un día normal en realidad tiene sus bases en un sentimiento de miedo e inseguridad.

Cuando usted emplea un enfoque del ídolo efectivo, usted se forma un ideal que desafía su zona de confort. Lo coloca en unaposición donde está expandiendo sus límites.

Usted no está extralimitándose. No está aventurándose al punto en que es obviamente poco realizable. En cambio, usted simplemente está presionando su definición personal de los que es posible en niveles prácticos.

Otra dinámica clave del enfoque del ídolo efectivo es que de hecho se edifica por medio de acciones. Al final del día, sentirse bien es algo genial y todo, pero no cambia su vida en lo más mínimo.

¿Usted sabe que es lo que le interesa al mundo? Aquí hay una pista. No le interesan sus sentimientos. En serio. No podría importarle menos. Por lo que si se interesa es en sus acciones. Le presta atención a los resultados, las consecuencias y los logros.

El enfoque del ídolo efectivo tiene un elemento emocional pero, al final del día, esta edificado en la actividad. Usted debe tomar acción. Tiene que firmar en la línea punteada. Tiene que saltar la valla.

Es así como funciona. Lo empuja a tomar acción de la misma forma en que lo empuja fuera de su zona de confort.

Es crucial que este tipo de enfoque este arraigado en la realidad. No se confunda, el motivo por el que ciertas religiones y cultos son tan poderosos, es porque hablan de un mundo que no existe. Un mundo que usted quiere que exista. Un mundo definido por la forma en que las cosas deberían ser.

Sin importar que tan emocionalmente reconfortantes o tentadores sean estos mundos, siguen sin estar arraigados en la realidad. Usted está en una tierra de fantasía. Tarde o temprano, tendrá que salir y enfrentar el crudo y cruel mundo de la realidad y, adivine. La gente no será amable. La mayoría del tiempo es todo lo contrario.

También, ese mundo es inconveniente y a

veces simplemente incómodo. ¿Qué es lo que puede hacer entonces?

El enfoque del ídolo efectivo entiende todo esto, y es por eso que se arraiga en la realidad. Comprende que usted necesita ideales, pero debe trabajar en un contexto real. Usted no va directamente a su mundo ideal y se queda allí.

En vez de eso, usted sequeda con la realidad, pero tiene un claro entendimiento de lo que necesita ser cambiado en su experiencia diaria. Usted obtiene un mapa. Obtiene una percepción más amplia de donde es que está parado. Y ya no compra esa fantasía que sabe que no existe.

Otra clave eficaz del enfoque del ídolo es la autenticidad. Todo se resume a saber quién es usted, que es lo que puede hacer, que es posible y que no en el aquí y el ahora.

Ahora bien, esto no significa que usted se

pinte con alguna clase de pincel de brocha ancha que descarte toda posibilidad de cambio. Sino de celebrar su autenticidad como persona. Porque cuando encamina este análisis con autenticidad, reconoce el poder que usted tiene para controla hacia dónde va su enfoque.

Finalmente, el enfoque del ídolo efectivo ubica a una persona en un estándar mucho más alto que ella misma ha elegido. Esto es completamente diferente a los estándares de un culto o a una celebridad porque al final del día cuando las cosas no salen como las planeo, usted termina haciendo excusas y buscando personas a las que culpar.

En un estudio de la Universidad de Tel Aviv en Israel, el investigador Yona Kifer descubrió un vínculo entre la autenticidad y su relación con la felicidad personal y la alegría. En esta investigación, unos individuos fueron asignados aleatoriamente a uno de dos grupos. En el Grupo 1, se les pidió a las personas que recuerden y cuenten un evento pasado donde se sintieron auténticos. En el Grupo 2, se les solicito a las personas que recuerden cuando actuaron o se comportaron de manera autentica.

Después de tomar las pruebas, ambos grupos de individuos debían pasar por un examen que determinaba que tan felices se sentían en ese momento. Curiosamente, las personas del Grupo 1 demostraron ser más felices. Este estudio demostró una conexión entre la autenticidad personal y el ser honesto con uno mismo y la felicidad.

A resumidas cuentas: Usted es aquello en lo que se enfoca

Su poder para enfocarse es extremadamente poderoso. De nuevo, donde va tu enfoque, va tu energía.

Comprenda la responsabilidad que conlleva este poder. Es por esto que es una buena idea dejar de evadir la realidad. Esto toma la forma de la devoción ciega por un ídolo o el enfoque enteramente emocional en sus ídolos personales. Deshágase de toda forma de evasión de la realidad.

A continuación, enfóquese en un ideal que usted mismo haya elegido. Esto es importante. Este es un ideal al que usted ha llegado, no sus padres, ni sus compañeros de clases, ni sus compañeros de trabajo. Este es un ideal que es solo suyo.

Una vez que se haya enfocado en ese ideal propio, llévelo a cabo. ¿Cuál es la versión ideal de usted? ¿Qué es lo que debería estar pensando? ¿Qué es lo que debería estar haciendo? ¿Sobre qué debería hablar regularmente? ¿Cómo se siente sobre ciertas cosas? ¿Cómo respondería a ciertas situaciones?

Esto le permite crear una alternativa a su realidad presente habla auténticamente a quien usted es. No es algo que alguien le dio o le impuso, o algo que encontró aleatoriamente en el camino. Es todo usted. Esto no puede ser más real. Esto es la esencia de la autenticidad personal.

El siguiente paso es usar el enfoque del ídolo para darle un sentido de urgencia. Tengo algunas malas noticias que contarle. Todas las cosas sobre las que he estado hablando en este libro no van a ayudarlo ni un poco si las mantiene en su mente. Si solo archiva esta información en alguna clase de gabinete mental, las cosas no van a cambiar mucho para usted.

Esto se debe al hecho de que el enfoque del ídolo no se trata solo de desarrollar un sentido de urgencia. Usted sabe que tiene el enfoque del ídolo correcto cuando el sentido de urgencia llega a usted. Usted siente que estas no son cosas que debería estar haciendo. Estas no son cosas que sería agradable de ver si suceden o no. En cambio, son cosas que usted debe hacer. Son cosas que a la larga terminaran por definir realmente quien es usted.

Enfoque del ídolo significa que usted tome acción, no solo en términos de un enorme entusiasmo pasajero, donde usted realmente lo intenta por un día o dos, o incluso una semana o dos y después se rinde.

En lugar de eso es un compromiso. Usted continúa tomando acción día tras día, semana tras semana, mes tras mes, año tras año.

Usted sigue presionando y el proceso lo cambia. Esto le permite crecer. Ahora puede hacer más cosas. Ahora usted es capaz de hacer cosas que pensó que eran completamente imposibles o para las que no estaba bien equipado.

Finalmente, el enfoque del ídolo significa que usted permite que el viaje lo convierta en la persona más efectiva, competente y segura que alguna vez deseo ser.

Capítulo 2

Construya su ídolo de claridad

En el primer capítulo, explique que es el enfoque del ídolo y como puede ayudarlo a cambiar la dirección de su vida. Le he dado una visión amplia que abarca las maneras en que el enfoque del ídolo puede auxiliarlo para convertirse en la clase de persona que siempre quiso ser.

En este capítulo, vamos a concentrarnos en el primer paso en su viaje usando el enfoque del ídolo para lograr profundos cambios en su vida.

El primer paso es simplemente hacer un inventario. Eso es. Haga una lista de suministros en cuando a quien es usted, que es lo que quiere, como es su actual vida y que es lo que está pensando actualmente.

Este es un ejercicio bastante incómodo

para muchas personas porque requiere honestidad.

La buena noticia es que usted no está tratando de impresionar a nadie. Solo está escribiendo estas cosas para usted. Incluso puede ocultar la lista o encriptarla.

Cualquiera sea el motivo para que haga este inventario. Pregúntese ¿Qué hay de verdad en mi vida? Esto significa que dejará de darle vueltas a las cosas que pasan en su vida. Dejará de ver el aspecto positivo de cada detalle en su vida. En vez de eso, usted los estará mirando como realmente son.

Esto debería ser un ejercicio para su consciencia. Eso significa que escribirá lo primero que se le venga a la cabeza. No se edite a usted mismo. No piense que hay una respuesta correcta. Solo escriba las cosas que provengan de su mente.

Construya su Yo ideal

Ahora que hizo un inventario personal honesto y sincero, debe tener una idea clara de donde está. Talvez usted tiene problemas con sus emociones, quizás reacciona de la peor manera, a lo mejor está sufriendo de baja autoestima, talvez no es una persona tan segura o puede estar enfrentando muchas cosas de su pasado.

Sea cual sea el caso, para ese momento usted debe tener una noción franca de quien es como persona. No está suavizando nada. Tiene una idea clara de que tipo de mundo emocional es en el que está viviendo.

Esto es algo bueno. Usted tiene que construir la nueva versión de usted mismo con nociones de realidad. Debe enfocarse en como las cosas son realmente en vez de como le gustaría a usted que fueran.

El siguiente paso es escribir con mucho detalle la versión ideal de usted mismo. ¿Cómo se vería físicamente? ¿Puede llegar a perder un par de kilos extras? ¿Le gustaría deshacerse de algunas arrugas? ¿Cómo le gustaría verse si le dedicara mucho tiempo al gimnasio y si vigilara lo que come?

Este es su estado ideal, así que por favor, escriba lo que cree que sería más apropiado en lo que se refiere a su ideal físico. Esto también incluye una rutina de ejercicios.

Tiene que entender que si usted quiere estar en buena forma, entonces debe haber un estilo de vida ligado a ese cuerpo. Esto significa hacerse el hábito de correr por las mañanas o dar largos paseos en bicicleta. Cualquiera sea la idea que tenga de su físico ideal, hay una disciplina intrínseca detrás del mismo.

A continuación, escriba su estado mental ideal. ¿Le gustaría estar libre de los traumas del pasado? ¿Le gustaría sobrellevar esa experiencia negativa que siempre lo pone de mal humor? ¿No le agradaría manejar mejor ese equipaje emocional? ¿Cómo es que procesa mentalmente los estímulos del mundo exterior y que tipo de cambios le gustaría hacer?

Preste atención a su ideal emocional. ¿Cómo le gustaría responder ante las altas y bajas de la vida? ¿Se siente infeliz con sus actuales respuestas emocionales? ¿Le gustaría reaccionar de manera diferente? ¿Le gustaría responder desde una posición de fuerza o paz interior? Describa con lujo de detalle el mejor estado emocional para usted.

Finalmente, escriba quien le gustaría ser en términos de su vida espiritual. ¿Le gustaría un profundo e intenso sentido de calma y serenidad? ¿Quiere ser esa persona que irradia amor, positivismo y alegría donde sea que vaya? ¿Le gustaría experimentar eso sin importar que tan mala sea la gente con usted o que tan duras sean sus propias circunstancias externas?

Estos son estados espirituales, y provienen de su interior. Sea claro en como describe su estado espiritual ideal.

Entienda que estos son la fuente de sus resultados

Por favor entienda que cuando usted plantea estos ideales involucrando sus estados físico, mental, emocional y espiritual, todos sus resultados fluyen desde ahí. Así es. Que tan bien le va en el trabajo, que tan duro trabaja, que tan bien se lleva con otras personas, y que tan lejos llega en la vida, todo fluye desde estos ideales.

Su vida se volverá una conversación con estos ideales, así que escoja cuidadosamente y dibuje los diagramas correctos.

Ahora, por favor entienda que esto es tan importante porque sus ideales no solo activan una respuesta emocional de usted. No es que usted simplemente se sienta bien sobre ellos. Usted no solo experimenta ese sentimiento cálido en su pecho cuando piensa en ellos.

Enfrentémoslo, puede fantasear y obtendrá la misma reacción. Puede involucrarse en toda clase de comportamientos escapistas y obtener los mismos resultados. En cambio, cuando usted construye su Yo ideal y diagrama el mapa de la clase de persona a la que aspirara ser, estará planteándose metas diferentes.

Sus actuales metas, sean las que sean, deberán cambiar. Usted está implementando un encuadre de referencia diferente para usted mismo.

Estas metas deben ser escritas. Estos objetivos deben tener una conexión clara con su estado físico, mental, emocional y espiritual ideal. Sin esa conexión y sin esa consciencia, será muy difícil alcanzar estas metas. Sera muy difícil para usted convertirse en una persona nueva.

¿Disfruta hasta ahora del libro? ¡Por favor, considere el dejar una reseña honesta de este libro en Amazon, nos ayudara enormemente a incrementar nuestras ventas y crear más libros de alta calidad para usted!

Presione *aquí* para dejar una reseña (al pie de la página).

¡Gracias!

Las Metas EscritasDesencadenan Sus Ideales

¿Qué tan importante es el acto de escribir cuando concierne al logro de nuestras metas? De acuerdo a un estudio llevado a cabo por Gail Matthews, profesora de psicología de la Universidad Dominicana de California, los participantes que documentaron sus metas alcanzaron sus objetivos a un rango mucho más alto que las personas que solo lo pensaron.

Esto tiene mucho sentido porque si usted piensa sobre sus metas o se entusiasma con ellas pero nunca se molesta en escribirlas, básicamente solo está viéndolo como un sueño. En realidad no tiene un plan porque solo está en su cabeza.

Depende de sus circunstancias externas el que recuerde estas metas o no. Usted solo está esperando a que se las recuerden. No es sorpresa que las personas que no se preocupan por escribir sus metas nunca se movilicen para realizarlas.

Escriba sus objetivos. Más importante aún, líguelos a una imagen de ídolo que desea para usted. Esta es su versión ideal de usted mismo.

La Capacidad viene antes que la Autoestima

Ahora que tiene un nuevo plano para su vida ya que ha determinado un nuevo centro de enfoque otrora ocioso, el siguiente paso es capacitarse.

En los Estados Unidos, desde hace más o menos 50 años, el sistema educativo ha sido edificado en torno a la idea de la autoestima. La teoría era que si los niños fuesen construidos para sentirse bien sobre ellos, lo lograrían.

Prueba tras prueba han refutado esta teoría. Resulta que la capacidad es la clave de la autoestima. Mientras mejor se vuelva en una tarea, mejor se sentirá sobre usted mismo.

Usted siente que es alguien. Siente que es capaz de hacer cosas. Siente que tiene las aptitudes para triunfar.

Y esto no es solo un sentimiento. No es solo algo que alguien le dice. Esto es algo que usted puede ver porque es capaz de producir esos resultados día tras día, semana tras semana, mes tras mes, año tras año.

Las capacidades son los cimientos de toda clase de autoestima. Y es desde ahí que usted desarrolla confianza.

Toda la idea de que los educadores y padres deben construir la autoestima primero antes de desarrollar sus capacidades es como poner el carro antes que el caballo. No es sorpresa que tengamos tantos adultos que piensan que son súper competentes y están más que dispuestos a compartir su opinión sobre temas de los que no saben nada. Esto lleva a toda clase de desacuerdos y conflictos innecesarios.

Ahora que tiene una idea clara de su Yo ideal o el ídolo en el que quiere enfocarse, comprenda que usted solo es tan bueno como su última victoria. Así es, la competencia y capacidad son construidas con victorias.

Para ponerlo simple, la autoestima real y por extensión la confianza, fluye por los resultados. ¿Puede producir los resultados apropiados o no? ¿Puede hacer el trabajo o no? ¿Puede alcanzar los estándares más altos o no?

Estas son preguntas que debe hacerse. Y por eso es que necesita hacer un plan de acción. ¿Qué es lo que necesita para alcanzar estas victorias de manera constante?

La consistencia es crucial. Enfrentémoslo, la gente puede lograr victorias de tanto en tanto. De hecho, la gente es afortunada de tanto en tanto. Pero esa es una estrategia para una vida de cuarta categoría.

Usted quiere victorias consistentes. Y para que eso pase, tiene que volverse competente. Tiene que descubrir que es lo que necesita hacer en el aquí y el ahora para lograr victorias consistentes. Eso requiere un plan de acción.

Una vez que tiene una idea clara de lo que necesita hacer, ya sea en su trabajo, en sus relaciones o en el gimnasio, el siguiente paso es crear una línea de tiempo.

Déjeme ser claro, si no tiene una línea de tiempo, usted básicamente solo está haciendo planes. Cualquiera puede hacer un plan. Cualquiera puede imaginar una mejor versión de sí mismo. Pueden imaginar un mundo mejor.

Pero eso es solo fantasear. Quienes hacen eso están evadiendo la realidad porque no se ven capaces de rendir cuentas.

Cuando tiene un horario, usted se está haciendo responsable porque no hay mentiras. Cuando se llega a la hora señalada, la pregunta es muy básica. De la clase de blanco o negro. ¿Hizo lo que tenía que hacer al momento en que se suponía que lo hiciera?

Es una pregunta de Si o No. No hay espacio para las excusas. No se está dando la oportunidad de señalar algo o alguien como el culpable si no cumplió. Si vemos la situación con una óptica en blanco y negro. Usted hizo lo que debía o no lo hizo.

Esto es la responsabilidad. La competencia se construye con responsabilidad.

La buena noticia es que mientras más produzca, más resultados obtendrá.

Por favor entienda que, a menudo, tiene que lanzar muchas pelotas al aro hasta que finalmente logra encestar. Para usar una analogía de básquetbol, tiene que practicar mucho para lograrun efectivo tiro bandeja (*lay up*), y ni hablar de una volcada (*slam dunk*).

Todo se resume al esfuerzo. Mientras más lo intente, más producirá. Mientras más produzca, más resultados obtendrá. Así se llega a la competencia.

Pronto, estará fallando menos y acertando más. Le tomara menos lanzamientos al aro para lograr encestar.

Lo mejor de todo, cuando usted tiene una imagen clara de su Yo ideal –su enfoque del ídolo personal– su mente y su tremendo poder está concentrado. No malgasta su energía en dramas innecesarios, en problemas menores o en flagelarse con sentimientos de culpa o arrepentimiento por el pasado. En vez de eso, usted está enfocado en el aquí y el ahora y está trabajando duro para construir un mejor futuro para usted.

Todo se reduce a enfocarse en las acciones que necesita tomar ahora así puede volverse más y más competente. Esto acarrea una autoestima y confianza enormes.

Sus Ideales lo Impulsan a Deshacerse de la Mentalidad Toxica

Cuando tiene una imagen clara de quien le gustaría ser, física, mental, emocional y espiritualmente, usted toma control de su mentalidad. Todo se vuelve claro.

Usted despierta a la realidad que culpar a otros es un callejón sin salida. Se percata que buscar excusas no lo ayuda porque el ideal o su ídolo propio no estánmás cerca de la realidad cuando se está ocupado tratando de buscar excusas.

De manera similar, si usted tiene el hábito de la procastinación, empieza a descubrir la verdad. Empieza a exponer que lo que en realidad siente es miedo.

Las personas que tienden a procrastinar temen que vayan a tener un mal rato al cumplir una tarea. Tienen miedo porque no quieren fallar. No quieren sentirse decepcionados. No quieren saber que invirtieron su esfuerzo y tiempo solo para terminar con nada.

Así que recurren a todo tipo de trampas para ellos mismos. Talvez buscaran por más información y pretenderán estar ocupados de esa manera, quizás buscaran hacer cosas de "mayor prioridad". Sea lo que sea, solo le están dando vueltas a la cosa que deberían estar haciendo.

Por favor entienda que la gente que posterga no es necesariamente negligente. En cambio, ellos están trabajando en otras cosas antes que en la tarea que necesitan hacer ahora.

Finalmente, si tiene claro su Yo ideal, se liberara del efecto de la mentalidad toxica de la sedimentación. Esto es algo mortal. En serio.

Si tiene cualquier tipo de esperanzas o sueños, cuando se conforma básicamente estáponiéndolos bajo tierra.

Cuando se conforma, usted se dice a sí mismo, "Esto es lo mejor que puedo hacer. Es lo más lejos que puedo llegar. No puedo pasar de este punto."

Entonces se congela. Se rehúsa a aprender. Se niega a desafiarse a usted mismo. Y termina estando demasiado asustado de salir de su zona de confort.

Los Ideales Correctos lo Llevan a

Resultados Correctos en todas las Áreasde la Vida

No se equivoque, cuando pone en un papel su Yo ideal, que usted ve como su ídolo de enfoque, plantea estándares para todas las áreas de su vida. Estándares físicos, mentales, emocionales y espirituales.

Usted también redirige su enfoque. Ahora tiene un mapa. Ahora tiene una meta definitiva y dominante.

Antes, usted estaba perdió en la oscuridad, persiguiéndose la cola y sintiendo que un día es tan bueno como el anterior. Bueno, ahora, tiene un mapa claro en frente de usted.

Usted también tiene una imagen clara de la persona que le gustaría ser. Usted ha eliminado todas las conjeturas de su vida. Esto lo llevara a un gran enfoque en su Yo ideal

Ya no está tratando de acertar al blanco en la oscuridad. Ahora tiene el enfoque que actúa como una mira laser. Y tiene una idea clara de a qué es lo que está apuntando.

También entiende que necesita producir resultados de su trabajo más grandes y mejores. Esto lo lleva a un sentido claro del tipo de logros a los que debe aspirar.

No es sorpresa que muchas personas que pasan por esta etapa ganen un renovado independencia. Ellos sienten que son responsables por sus vidas. Sienten que están en control de sus vidas.

Dejan de decir cosas como, "Los ricos se hacen más ricos y los pobres más pobres" o "Así es como son las cosas. Realmente no hay nada que pueda hacer al respecto."

En cambio, usted siente que hay una conexión directa entre lo que piensa, dice y hace, y los resultados que aparecen en su mundo. Estoy hablando de un hermético círculo de control que usted tiene.

Eso significa que se paga el alquiler, se hace cargo de la hipoteca, las tareas del trabajo son realizadas a tiempo, su jefe está complacido con su desempeño y sus relaciones –en general– mejoran.

Finalmente, cuando se enfoca en la versión ideal de usted mismo, pasa menos tiempo comparándose con otras personas. Se deshace de ese hábito tan toxico de comparar sus defectos con las virtudes de los demás.

Esto se vuelve particularmente toxico y emocionalmente corrosivo en Facebook. ¿Se imagina estar buscando un trabajo, con problemas financieros y sin saber de dónde saldrá el dinero del alquiler y entonces ve en Facebook que uno de sus amigos acaba de comprar un Mercedes o un BMW?

¿Cómo piensa que lo haría sentirse el

compararse con su amigo? Usted básicamente está comparando sus frustraciones, ansiedades y fracasos personales con las victorias de su amigo.

¿Eso tiene sentido? Por supuesto que no. Eso es como comparar todo lo que usted no tiene contra todo lo que su amigo si tiene. Solo se está castigando a usted mismo.

Desafortunadamente, en Facebook, eso fácilmente se convierte en una adicción porque es una cuestión de narcisismo. Créalo o no, la autocompasión es la forma más retorcida de narcisismo porque al final del día, todo gira alrededor de usted.

Pero en lugar de celebrar sus victorias, su potencial y lo increíble que usted es, se la pasa celebrando como la vida lo ha convertido en una víctima, como si el mundo le debiera algo, como si tuviese el derecho a exigir que la vida sea justa, y todo eso.

Cuando se enfoca en Yo ideal, se compara con usted mismo. Cuando hace esto, no se está castigando. En cambio, se está motivando. Usted gana un renovado sentido de esperanza.

Puede divisar el porvenir. Y cuando se detenga a ver al pasado, ganará una sensación de logro porque está haciendo progresos. Incluso si está haciéndolo a su propio paso, igualmente será un paso constante directo hacia su objetivo máximo.

Esto lleva a un intensificado sentido de positivismo personal. Empieza a pensar que las cosas son posibles. Empieza a pensar que lo que lo rodea no son problemas, sino piezas de rompecabezas que es divertido de desempacar y a la postre resolver. Todo esto no hace más que incrementar su competencia.

En un estudio realizado durante 14 años entre los graduados de la Academia Militar West Point, 10.000 cadetes participantes trataron de determinar qué los motivaba. Resulta que los cadetes con motivaciones internas eran más propensos a pasar el entrenamiento. En otras palabras, cuando alguien tiene un ideal interno con el que compararse, es más probable que persevere.

No se equivoque, el entrenamiento de la Academia West Point no es una broma. El trabajo de sus instructores es romper mental y físicamente a los cadetes. Aquellos que están internamente motivados por alguna clase de ideal, es dicho ideal lo que les da las fuerzas que necesitan para despertarse y esforzarse cada día con mayor intensidad.

Capítulo 3

Visualice Excelencia

Ahora que tiene una idea clara de su Yo ideal y va a enfocarse en él como lo haría con una celebridad o alguna clase de ídolo, el siguiente paso es aprovechar el poder de la visualización.

La visualización ha sido usada en un amplio rango de contextos. En una situación corporativa ayuda a los equipos de venta a lograr sus objetivos. Se ha usado en el entrenamiento militar para ayudar a los reclutas a superar estrés físico y emocional. Se emplea para ayudar a pacientes con desorden de estrés post traumático a superar la experiencia que los dejo en ese estado.

La visualización funciona. Se trata de crear una realidad emocional dentro de usted, arraigada en sus ideales, lo que lo provee de motivación.

Usted necesitara esta motivación porque,

enfrentémoslo, algunas veces cuando se despierta por las mañanas parece que todo se está derrumbando. Hay días en que nada sale bien. Usted necesita recurrir a una fuente de motivación interna confiable y consistente así puede salir a flote de esas situaciones. Y así es como puede hacerlo.

Visualice en 3D

Muchas personas creen que la visualización significa concentrarse en cosas que puede ver. Esto no es verdad. Debe empezar con un escenario imaginario, pero no termina ahí. Visualice en tres dimensiones.

Para ponerlo más simple, visualice usando todos sus otros sentidos. Imagine que es lo que tocara, saboreara, olerá y oirá. De esta manera, le da vida a esa imagen mental.

No se queda atorada a cierto nivel en su mente porque es muy fácil de descartar. Es muy fácil decir, "Bueno, eso es solo una fantasía. Solo soy yo pensando cosas."

Pero cuando todos sus otros sentidos están trabajando a la par, usted forma una conexión emocional. Y a cierto punto, para usted se vuelve real. Usted logra ese estado emocional.

Cuando usted repite una escena en su mente una y otra vez, se ve tan real porque usted puede oír sonidos, oler aromas, saborear sabores y tocar texturas que ahora se volvieron mucho más vividas.

Y sin importar que suceda allí usted puede controlarlo, lo que induce un estado emocional de dominio. En cierto punto, su mente le dice, "Así es como se hace, y es tan real" y usted está en control. Usted entonces puede aplicar esto al mundo real. La clave para visualizar es comenzar por el final. Ese es el estado ideal. Es ahí donde usted obtiene el trofeo, consigue a la chica, donde gira la llave y entra en su nueva mansión, o enciende su nuevo Ferrari. Ese el punto de la victoria. Donde reclama su premio.

Ahora, mucha gente de buena gana estaría aquí. No puedo culparlos porque hay un tremendo ajetreo emocional ahí.

Cuando usted lo compara con su estado actual de frustración, ansiedad y descontento, es muy comprensible porque la gente querría quedarse en este estado imaginario, ya que la recompensa emocional es inmensa.

No se detenga ahí. Comience en ese final donde todo es brillante, poderoso y reconfortante, pero analice la situación en retroceso. ¿Qué es lo que necesita para tener ese lindo auto? ¿Qué clase de sacrificio debe hacer para obtener esa mansión sobre la colina?

Cuando visualice, empiece con su objetivo. Empiece con la montaña de efectivo. Con la fama. Con la victoria. Y después desande sus pasos hasta llegar a su estadoactual.

¿Que debe suceder antes de que usted obtenga ese millón de dólares? Bueno, puede imaginarse tocando a muchas puertas, hablando con muchas personas, estrechando muchas manos, y recibiendo muchas negativas.

Cuando ve esos escenarios en acción, con el entendimiento de que indefectiblemente lo llevaran a la victoria, usted experimenta una profunda determinación. Siente que no aceptara un "no" como respuesta. Usted siente que esto también pasara. Que estos contratiempos a la postre lo preparan para la victoria definitiva.

Entonces,de otro paso atrás desde ahí, e imagine un escenario en donde está planeando. ¿Puede ver cómo funciona?

La visualización solo funciona si usted comienza por el final y retrocede hasta el punto en que se encuentra ahora. De esta forma, usted alinea su estado de momento presente con el momento ideal.

Usted crea en su mente una conexión directa e irrompible entre sus dificultades y retos actuales, y la victoria definitiva que se magina para usted. Lo mejor de todo, esta conexión tiene una naturaleza emocional.

No puedo ser más claro. No puedo darle el énfasis suficiente. Porque, seamos sinceros, si la conexión es puramente intelectual, no hay sentido de urgencia. Realmente no lo hay.

Es solo uno de esos entendimientos que logra discernir de tanto en tanto. Es una revelación intelectual. ¿Entonces qué? La gente hace eso todo el tiempo. La gente realiza tormenta de ideas. ¿Cómo esto puede ser diferente?

Pero cuando hay un componente emocional, se vuelve real. Usted puede sentirlo. Puede saborearlo. Puede olerlo. Pero debe empezar con el final ideal y retroceder hasta donde usted está ahora.

Acepteel Trabajo

Preste atención al ejemplo que le daré a continuación. Preste atención al hecho de que usted va a estar golpeando muchas puertas y la gente va a decirle en la cara "¡No me interesa! ¡Váyase de aquí! No quiero hacer negocios con usted. Usted me da asco. No tiene talento. Eres horrible. Me está haciendo perder el tiempo. Odio su voz. Es un idiota." Imagine la resistencia.

Debe entender que hay una gran diferencia entre soñar despierto y visualización. Esta última entrena su mente para la victoria. Y la victoria solo sucede después de superar la resistencia.

Visualice la resistencia. Visualice los contratiempos. Imagine las cartas de rechazo, los portazos en la cara, la gente riéndose de usted, los dedos señalándolo, la ira, la confusión, la falta de comunicación – todo eso.

Acepte que tendrá que trabajar. Acepte que tendrá que superarse. Esto prepara su mente, para que cuando el desafío aparezca, no lo perturbe.

¿Por qué? Tiene que aceptar el sacrificio que necesita hacer. Debe aceptar el hecho que si la puerta se cierra, está todo bien, usted intentara acceder por el sótano. Y si eso también falla, usted intentara con la puerta de atrás.

Si eso no funciona, usted tratará por la ventana o por el techo. Si hoy no hubo resultados, entonces lo intentara mañana, pasado mañana, la semana que viene, el mes que viene, el año siguiente. Esa es la resolución que usted está construyendo.

Esto no es soñar despierto, donde usted solo disfruta del ajetreo emocional pero se rehúsa a aceptar la responsabilidad de enfrentar el desafío que se interpondrá en su camino mientras usted trabaja en su senda a la victoria.

Comprenda los Beneficios Claves de la Visualización

La visualización es una práctica crucial porque se recuerda a usted mismo su ídolo. Este es su Yo ideal.

Usted ya no se está enfocando en Steve Jobs, Beyonce, Kanye West, Donald Trump, Hillary Clinton, Gandhi, ni en nadie más. Su ídolo ahora es usted mismo. Más específicamente, su Yo ideal.

Una vez que tiene esa imagen clara en su mente y sabe cómo es que esas personas viven, usted se ve motivado para trabajar duro.

Ahora, no me malentienda. Trabajar duro es genial, pero si trabaja duro una vez cada muerte de obispo, su vida no va a cambiar mucho. No se engañe.

Trabajar duro significa trabajar consistente y constantemente. Esto quiere decir que usted incrementa su esfuerzo y extiende la consistencia de dicho esfuerzo.

Este no es un trato que requiera de un enorme y único esfuerzo. Este no es esa clase de proyecto. Esto es usted subiendo peldaños esforzándose durante todo el trayecto.

La visualización también le recuerda su plan de acción. Porque cuando usted observe el punto de su victoria y retrocede hasta donde está ahora, usted obtiene ese plan.

Usted conecta los puntos. Usted ve como todo esta interconectado. Se recuerda sobre los pasos que necesita tomar. También se recuerda que hay contratiempos que esperar y que debería estar preparado para ellos.

Cuando visualiza, también gana un sentido de posibilidad. Usted ya no está viendo a sus sueños desde una perspectiva de "seria lindo si eso pasara." En cambio, usted lo ve como, "Si, puede hacerse.

Puedo verlo. Puedo sentirlo. Puedo saborearlo y olerlo. Es real." Si usted obtiene este sentido de posibilidad, entonces será capaz de superar procastinación. ¿Por qué? Porque está operando con un sentido de urgencia.

Este no es una de esas cosas que "sería lindo que pasara." Esto no es una opción. Esto es algo que usted tiene que hacer. Es tan necesario como seguir respirando. Así de seria es esta situación.

Cuando opera con un sentido de urgencia por un largo periodo de tiempo, usted será capaz de balancear su sentido de posibilidad. ¿Por qué? Su sentido de posibilidad le permite enfocarse con un sentido de urgencia.

Usted es capaz de afrontar tareas con un tremendo sentido de seriedad. Usted no está jugando. Esto no es un pasatiempo. Estas no son cosas que usted hace paralelamente a su actual trabajo. Esto es algo real porque lo lleva al futuro que quiere para usted.

Usted experimenta un auge de sentido de posibilidad. El mundo se abre para usted. Le da un sentido de control. Finalmente, usted balancea esto porque sucede con la suficiente frecuencia como para que se percate de que tiene que tiene que hacerlo ahora.

Usted ya no cae víctima de sus tendencias normales, como tomar el camino más sencillo, procrastinar o empezar a paralizarse al analizar la situación. En cambio, se dice a usted mismo, "puedo hacerlo ahora. Lo he hecho antes, puedo hacerlo otra vez."

Finalmente, usted gana un sentido de perspectiva. Usted sabe que la vida es injusta, difícil, puede tornarse caótica y desordenada.

Pero la buena noticia es que cada paso que da hacia adelante, por pequeño que sea, lo acerca más y más a su Yo ideal. Esto le permite prepararse para el éxito mientras que al mismo tiempo lo reconforta y motiva para superar tiempos difíciles.

Como he mencionado antes, hay días en los que usted no se siente con ganas de hacer nada. Hay días en que siente que nada va bien. Termina preparándose a usted mismo para el éxito porque gano ese estado de fluir emocional.

Las cosas simplemente fluyen. Las cosas funcionan. Es como si pudiera hacer las cosas porque llego a conocerlas como la palma de su mano. Aquí, usted está operando con un sentido de intuición.

Todo esto lleva a un estado de positivismo. La vida ya no es una larda serie de miedos, humillaciones y amenazas que evitar. En vez de eso, usted se siente positivo sobre lo que sucederá. Se siente positivo de que las cosas funcionaran de la manera esperada.

En un estudio de la Universidad de

Michigan conducido por Martin Seligman, se midió el grado en que los vendedores de pólizas de seguro eran negativos o positivos acerca de sus trabajos y sus habilidades para realizar ventas.

Se les pregunto si sus ventas pueden ser conectadas a situaciones más allá de su control o situaciones que puedan mejorar si hacían el esfuerzo suficiente.

Resulta que la gente optimista dijo que sus situaciones no estaban más allá de lo esperable pero podía mejorarse con trabajo, vendieron un 37% más productos que los pesimistas.

El positivismo está estrechamente ligado al desempeño. Y cuando usted visualiza, entra en contacto con una mina de positivismo. Usted logra la motivación que necesita para seguir, sin importar los contratiempos que encuentre.

Capítulo 4

Responda a la Vida basándose en sus Ideales, No sus Circunstancias

La razón por la que la mayoría de la gente falla en alcanzar la felicidad es porque piensan que la misma es un producto de sus circunstancias externas. En sus mentes, están convencidos de que si las cosas suceden de cierta manera y cierta gente aparece en el momento correcto y todo cae en su lugar, entonces serán felices.

No es extraño que a esas personas les cueste mucho conseguir la felicidad por un periodo de tiempo prolongado. ¿La razón? Dependen demasiado de sus circunstancias externas.

Le tengo malas noticias: Usted no puede controlar a otras personas. En serio. Ellos tienen sus propios planes, provienen de diferentes trasfondos y han experimentado cosas diferentes.

Existen tantas cosas aleatorias acerca de las personas, que usted realmente no puede determinar nada con exactitud sobre ellas, sin importar los patrones que vea. Lo mismo se aplica a las situaciones. La Ley de Murphy es algo real.

Entonces ¿qué es lo que hace con esta realidad? Bueno, no es sorpresa que las personas ineficaces son el producto de sus circunstancias. Estas son emocionales y pierden rápidamente el norte cuando algo imprevista sucede.

La razón por la que tanta gente se conforma con un nivel relativamente bajo de efectividad es porque se volvieron dependientes de sus circunstancias externas. Si lo ponemos simple, ellos creen que todo tiene que ser predecible, justo y prolijo.

Le tengo más noticias: la vida es caótica e injusta. No hay predictibilidad en ella. Opera sin pies ni cabeza. Acostúmbrese. Y avance a partir de este hecho.

El Enfoque del Ídolo le recuerda su Carácter ideal

Entre este océano de impredictibilidad y caos esta su enfoque del ídolo. Cuando se enfoca en quien debería ser, usted comulga con su carácter ideal. No solo se está enfocando en el cuerpo ideal que va a tener o la cantidad de dinero que va ganar. Eso es solo una parte.

En cambio, usted se enfoca en lo siguiente: ¿Cuál es la forma ideal de lidiar con la vida? ¿Cómo lo motivan sus ideales cuando parece que todo en su vida se cae a pedazos? ¿Cómo se mantiene enfocado en la gran victoria de su vida cuando parece que sus ideales personales no tienen el apoyo de su realidad actual?

Esto lo empuja a reducir todo a blanco y negro. O cede ante el mundo y permite que lo conformen con cada vez menos, o usted se va a imponer ante el mundo y defenderse.

Se defenderá al decirle al resto del universo, "Tengo este carácter ideal. Así es como me defino a mí mismo. Tengo estos estándares."

Y cuando alinea sus acciones basadas en estos estándares, se vuelve más efectivo. También se vuelve más competente.

Es muy fácil holgazanear cuando todos los demás lo están haciendo. Como reza el refrán: "Si quieres volar como un águila, deja de juntarte con gallinas". Pero la gente que tiene un enfoque del ídolo o se ha convertido en sus propios ídolos, resisten a la tentación.

Seguro, todos los demás son gallinas, eso no significa que usted deba actuar como gallina también. Todos pueden actuar como idiotas, pero eso no lo absuelve de la responsabilidad de perseguir su Yo ideal. Sus acciones reflejan sus ideales, y sus ideales le dan forma a su carácter.

Comprenda que sus ideales son lo que lo guían hacia esa realidad alternativa que usted mismo planteo. Ese es su ídolo personal. Enfóquese en eso.

Entienda que su Yo ideal es auténtico. Es su Yo real porque encapsula todos sus sueños y esperanzas. Encapsula verdades clave sobre su carácter.

En un estudio de 2014 realizado por la Universidad Tecnológica de Luisiana, el investigador Guler Buoyraz analizo datos reportados por 232 personas en torno a la autenticidad. Estas personas fueron entrevistadas antes y después de verse sometidas a una situación estresante, y se les pidió que actuaran con autenticidad o que se adapten.

Resulta que cuando apareció el estrés, las personas que actuaron con mayor autenticidad la primera vez que fueron entrevistados estaban más relajados y satisfechos cuando llego el segundo desafío.

Buoyraz y sus colegas científicos concluyeron con esto que cuando las personas piensan y actúan con un distintivo sentido de autenticidad, tienden a ser más felices. Tienden a lidiar con los golpes de la vida de mejor manera.

¿Cuáles son los efectos de responder a la vida de acuerdo a sus ideales y no sus circunstancias? ¿Cuál es la gran recompensa cuando elije actuar genuinamente de acuerdo a sus ideales más altos?

Efecto #1: Usted evita reacciones emocionales.

Cuando tiene una idea clara de su Yo ideal en su mente y está enfocado en este ídolo interno, usted responde en base a como esa persona reaccionaria, sin importar lo que pase, sin importar las circunstancias o la oposición.

Esta le permite evitar reacciones emocionales. Usted no solo tiene un modelo a seguir interno, sino que también está fuertemente ligado a su destino definitivo. Este es un destino que usted mismo ha escogido.

Efecto #2: Mantiene las cosas en perspectiva.

Cuando practica el enfoque del ídolo, usted entrena al carácter ideal que aspira ser. Este es un carácter que usted personalmente escogió.
Esto no fue escogido por sus padres. Usted no está tratando de impresionar a nadie. Esto es suyo. Usted se enfoca en ese carácter ideal.

Cuando hace esto, se prepara para otra realidad. Esta es una realidad donde sus valores más altos son la cosa más importante en el mundo. Su realidad entonces se alinea con estos valores.

Por favor entienda, de nuevo, que estos

valores no son elegidos para usted. No son algo que tiene que asumir por tradición o costumbre. No fueron heredados de sus padres, como estos a su vez los heredaron de sus abuelos. A diferencia de eso, estas son cosas que usted eligió personalmente.

Cuando usted opera desde esta perspectiva, sus valores se vuelven tan importantes que usted empieza a ver cosas usándolos como filtro. Los contratiempos ya no son juicios personales. Ya no son fallas personales. En cambio, son parte de su desarrollo o evolución en esa persona ideal.

Esta actitud le permite mantener el positivismo. Usted deja de reaccionar emocionalmente. Deja de sentir que está lidiando con la peor situación posible. Usted deja de reducir todo a blanco o negro.

En cambio, usted tiene perspectiva porque tiene un carácter ideal que lo inspira a eso, y eso provee el tipo de valores que usted usa para navegar su realidad presente.

Efecto #3: Evita contratiempos personalizados.

Tiene que comprender que muchas de las personas que triunfan no son necesariamente más inteligentes que aquellas que fallan. De hecho, muchos de aquellos que tuvieron contratiempos y decidieron ceder, en realidad son más inteligentes que aquellos que continuaron hasta lograrlo. La única diferencia clave entre ganadores y perdedores involucra la autodefinición.

La única manera de perder, en serio, es renunciar. Si usted sigue en el juego y continua trabajando duro y sigue intentándolo, no ha perdido. Solo dilato la resolución de su plan, pero sigue en el juego. Aún hay chance de salir adelante.

Los perdedores, por otro lado, renuncian. ¿Por qué harían eso? ¿Cómo llegaron a eso?

La mayoría del tiempo, esto pasa porque ellos permiten que sus contratiempos los definan. Ellos dejan que sus dificultades presentes definan quienes son.

Si pierde hoy, eso necesariamente no significa que es un perdedor. Pero si es alguien que renuncia, un derrotista, usted diría, "Si, soy un perdedor. No lo logre. No tuve lo que hacía falta. La derrota me define. Fallo en todo lo que hago."

Cuando coloca su Yo ideal como su ídolo personal y se enfoca en él, usted plantea un ideal mucho más elevado que es capaz de mucho. Esto significa que los contratiempos no lo definen porque usted mismo se define por ese ideal.

Seguro, las cosas no funcionaron hoy, pero usted sabe que es capaz de mucho más. Usted sabe que mañana las cosas pueden cambiar. Con el enfoque apropiado y preparación, usted puede alcanzar la victoria.

En cualquier caso, dado que está enfocado en su Yo ideal, tiene lo que necesita para conseguir la victoria. Puede que no pase mañana ni pasado mañana, puede que no pase la semana siguiente, ni el mes siguiente, ni el año siguiente, pero va a pasar. ¿Por qué? Usted tiene el ídolo ideal.

Esto le permite mantener los problemas en perspectiva. Usted ya no está reduciendo todo a un momento clave en la historia de su vida donde usted o se convertirá en víctima o victimario, en perdedor o ganador. Usted no juega esos juegos con usted mismo.

En cambio, usted entiende que es todo parte del viaje, y que ese viaje lo cambia, y usted está pasando por un proceso. Esto mantiene las cosas en perspectiva. Usted es capaz de tomarse las cosas con calma.

Efecto #4: Desafié efectivamente el estrés en lugar de huir de él.

No se equivoque, cualquier cosa que valga la pena en la vida involucrará alguna clase de lucha. O está compitiendo con otras personas o compite contra usted mismo.

La victoria no será sencilla. Habrá estrés. Habrá presión.

Desafortunadamente, muchos de nosotros estamos acostumbrados al confort. Nos gusta tomar el camino del menor esfuerzo.

Esto sucede porque tememos al estrés. Nos asustan los retos. No buscamos contratiempos. Les tenemos miedo.

Cuando usted entrena sus ojos en su Yo ideal y lo convierte en su ídolo personal, usted supera el miedo. ¿Cómo? Aprovecha su visión ideal de sus capacidades.

Esta visión ideal siempre se muestra ante usted con la batería cargada al 100%. Usted no se ve a sí mismo con la batería baja. No se ve golpeado por circunstancias más allá de su control. No se ve superado, despistado, o sobrepasado por la vida. En cambio, usted ve sus capacidades ideales.

La suposición es que esta dentro de usted. Tal vez no surja ni hoy ni mañana, pero la tiene. Usted tiene esa capacidad.

¿Y la mejor parte de todo esto? Cada victoria que logre, sin importar que tan pequeña, valida este profundo depósito de capacidades.

En su mente, se vuelve cada vez más claro que, si, esta es la verdad. Usted si tiene esas capacidades porque si no las tuviera, no habría logrado esas victorias.

No importa que tan pequeñas sean, usted se vuelve más y más poderoso porque su creencia en sus capacidades crece en fuerza y profundidad. Y todo comienza al superar el miedo.

Efecto #5: Perseverancia

En un estudio conducido por Timothy

Bates y Abedrahman Abuhassan que involucro a 494 individuos dentro de un amplio rango de edades, se analizó los diferentes criterios de meticulosidad de estas personas. Descubrieron que hay una conexión estrecha entre perseverancia y éxito.

De estas 494 personas, los individuos que clasificaron en el nivel más alto de perseverancia, tienden a lograr grandes cosas con el tiempo. De hecho, el estudio concluyo que la perseverancia es el factor más crucial para predecir la habilidad de un individuo para alcanzar metas a largo plazo.

Cuando convierte su Yo ideal en su propio ídolo, usted gana perseverancia. Usted es menos propenso a tirar la toalla. Es poco probable que usted se rinda porque está motivado por ese estado ideal.

Capítulo 5

Desencadene el Poder de la Escalada

Cambiar su enfoque de ídolos indignos como celebridades o figuras políticas a un enfoque de un ídolo personal toma muchos recursos. Esto no es algo fácil. Lleva mucho tiempo, acción consistente y perseverancia.

Usted no va a conseguirlo en su primer intento. De hecho, puede que le tome muchos intentos diferentes conseguirlo.

La buena noticia es que tarde o temprano, las cosas caen en su sitio. Usted solo debe continuar a su paso.

El IngredienteSecreto

¿Cuál es el ingrediente secreto? ¿Cómo puede estar seguro de que si continua enfocándose en su propio ídolo ideal, todo terminara bien? bueno, este es el concepto de la escalada.

Cuando dos personas empiezan en la vida, se ven muy similares la una a la otra. Recuerde sus años en la escuela secundaria. Usted era pequeño, poco agraciado físicamente, débil y socialmente inepto.

Todos eran de esa forma. Pero todos tenían diferentes hábitos. Algunas personas priorizaron el asistir a tantos eventos sociales como sean posibles.

Ahora es posible que se equivocaran, quizás nunca fueron el alma de la fiesta o incluso fueron el blanco de las bromas, pero seguían haciendo eso. Otros practicaron deportes. Y otros se retrajeron a sí mismos y se volvieron *nerds*.

Bueno, si usted estudia esas personas y les permite continuar haciendo sus cosas, a la postre se alcanza un punto donde estas diferencias en elecciones equivalen a enormes diferencias en términos de consecuencias en la vida.

Pero no lo sabría desde el principio porque en ese momento, las diferencias son muy pequeñas. Casi imperceptibles. Pero cuando se mantiene en ello, las diferencias empiezan a aparecer y a crecer, con tiempo y esfuerzo constante.

Tome, por ejemplo, a dos amigos. Uno está buscando un empleo en una fábrica, mientras que el otro amigo sigue jugando videojuegos. Ambos son fanáticos de los videojuegos, pero uno de ellos consiguió trabajo en una fábrica.

Pues bien, si usted escala lo que están haciendo y no hay mayores cambios en lo que atañe a sus opciones, ¿Qué cree que le pasara al amigo que solo juega videojuegos? Él probablemente este desempleado. Y viva de alguna clase de asistencia pública.

El amigo que pasó el mismo tiempo dentro

de la fábrica y estuvo aprendiendo constantemente será el gerente a este punto. Las cosas escalaron con el tiempo.

Otra buena manera de ilustrar este principio involucra dos cohetes espaciales. Imagine dos cohetes que comparten la misma trayectoria, pero hay una variación de un décimo de grados entre los dos.

Ahora, al principio, cuando ambos cohetes despegaron, fue como si los dos estuviesen completamente paralelos uno del otro. Van a la misma velocidad y en la misma dirección. Pero para el momento en que los cohetes alcancen millones de kilómetros, la diferencia entre ellos será asombrosa.

Créalo o no, esa variación de un décimo de grados puede determinar si usted va a Saturno o a Plutón. Usted no puede verlo cuando los cohetes recién están despegando. Toma algo de tiempo ver como la más pequeña de las diferencias puede ocasionar cambios enormes. Eso es la escalada en acción.

Entienda que cuando usted se enfoca en su ídolo personal, puede verse como si usted realmente no hiciera mucha diferencia. Puede verse como si no fuese de gran importancia. Pero cuando aplica este esfuerzo durante un periodo extendido de tiempo, usted escala. Escala el tiempo, su esfuerzo y su estado emocional de flujo.

Créame, mientras más tiempo haga algo, más fácil se vuelve. Mientras más haga cosas, más cómodo se siente emocionalmente. Usted se vuelve súper familiar. De hecho, alcanza un estado donde puede hacer la misma cosa mientras duerme.

Ese grado de experticia es el que alcanzará. Usted ha escalado hasta ese nivel.

Conclusión

Por favor entienda que la información que compartí con usted en este libro es muy poderosa. Puede darle un giro a su vida.

Al convertir a la versión ideal de usted mismo en su ídolo personal y al entrenar la tendencia natural de su mente en enfocarse en ese ídolo, usted puede conseguir una vida grandiosa. Usted puede hacer que sus sueños se vuelvan verdad.

Pero el problema es, si usted piensa que esto es algo que solo puede pasar cuando usted se sienta bien o las cosas caigan en el lugar correcto, usted se está engañando sobre ese gran futuro.

Lo mismo se aplica cuando usted se promete que hará esto mañana. Puede creerme, el mañana nunca viene.

Tiene que empezar ya mismo. Tiene que enfocarse en esto en el aquí y en el ahora. De otra forma, solo permitirá que esta información se mantenga como una banalidad intelectual. Es como una goma de mascar mental pegada en el cabello de su mente.

Debe tomar acción. No tiene que ser a lo grande, pero necesita tomar acción hoy.

Créalo o no, la acción es su propia recompensa. Si hace esto, rápidamente se dará cuenta que usted es la mejor obra de arte que puede darle al mundo.

Cuando cambia su manera de pensar, cambia la manera en que se siente. Cuando haga eso, usted cambiara hasta su forma de hablar de ello. Esto lo llevara a cambiar como actúa.

En el momento en que cambie su comportamiento, usted cambiara su realidad porque es una reacción en cadena, créalo o no.

Tome posesión de la cosas en su vida que puede controlar. ¿Qué puede controlar?

Sus pensamientos. Más específicamente, puede controlar su enfoque. Entrénelo en el ídolo de la versión ideal de usted mismo.

No le deseo nada más que el mayor de los éxitos.

Parte 2

Introducción

Quiero agradecerte y felicitarte por descargar este libro. Este libro te ayudará a comprender la autodisciplina y como puede esta ayudar a aumentar tus posibilidades de alcanzar tus metas. Es importante destacar que provee un plan de 10 días para sembrar las semillas de la autodisciplina en su vida.

Si perteneces al 20% de la población americana que no saben que el icónico hombre del traje blanco de Kentucky FriedChicken realmente existió y fue fundador de la franquicia, déjame contarte una historia.

El coronel Sander tenía 65 años y había recibido un cheque de pensión por solo $105 dólares. Decepcionado y un poco enfurecido, decidió comercializar una receta de pollo que él mismo había creado. Decidió un curso de acción y realmente lo tomó. Empezó a tocar puertas, buscando un socio o alguien quien creyera en su receta, ¿Fue afortunado de encontrar a ese socio después de sólo cinco, diez, cientos de intentos o tal vez después del intento quinientos? ¡No señor! El coronel Sanders encontró un socio después de 1009 intentos. Sí, así es, hizo mil nueve intentos para convencer a las personas para invertir en su idea.

¿Qué fue lo que mantuvo al viejo coronel intentando? ¿Fue esta una historia sobre perseverancia, confianza y determinación? Seguramente apuesta que lo es, pero la lección más importante de esta historia fue la autodisciplina. Aun cuando todo se ve sombrío, él nunca se rindió y continuó trabajando de acuerdo con su plan de vida. Y eso es lo más importante de la autodisciplina.

Muchas personas se equivocan en la vida al no tener un plan concreto con el que estructurarla y, en última instancia, terminan quedándose cortos. Otras personas pueden establecer un plan o hito para lograr, pero les resulta difícil mantenerse fieles a sus proyecciones y cálculos. Estos grupos de personas a menudo terminan en el peldaño inferior de la escalera del éxito, siempre intentando y con la esperanza de subir la escalera. Si la disciplina del coronel Sanders pudiera llevarlo a través de miles de 'no', imagina lo que un poco de disciplina puede hacer por ti.

¿Sientes que tu vida puede ser un poco más organizada? ¿Estás buscando una guía para ganar el autocontrol absoluto? ¿Quieres ser capaz de establecer objetivos por ti mismo, cumplirlos y luego concentrarse en estos objetivos sin ninguna pérdida de enfoque? Por la razón que sea que hayas elegido este libro, está hecho para ti; para enseñarte cómo construir una mejor autodisciplina y control sobre el pensamiento positivo.

Fue escrito con usted en mente; sin embargo, es todo lo que puedo hacer. La decisión consciente y la fuerza de voluntad para adoptar autodisciplina, es suya. Debe querer ser disciplinado para asegurarse de no solo leer este libro y no obtener ganancias de él.

Cómo dijo Pablo Picasso: 'La acción es la clave fundamental de todo éxito'. Debe tomar medidas para obtener los beneficios de leer este libro.

¡Buena suerte!

Capítulo 1

Entendiendo la autodisciplina.

La mayoría de las personas, cuando escuchan la palabra 'autodisciplina' les aparece una imagen mental de cadenas y una rutina estricta que limita severamente la libertad y la capacidad creativa. Han aprendido a asociar la autodisciplina con una entrega de libertad y espontaneidad básicas. Ven la elección de la autodisciplina como un patrón de vida contundente, restrictivo y severamente limitado, pero la verdad es que ninguno de estos estereotipos podría estar más lejos de la verdad. Ninguna de estas opiniones cerradas podría estar más equivocada sobre la autodisciplina. En cambio, es el denominador común que recorre las vidas de los mejores hombres y mujeres que han caminado por la tierra.

En casi todos los casos, es el secreto detrás de los grandes avances, tecnológicos y científicos, que han evolucionado para mejorar nuestra vida. Solo un pequeño porcentaje de la población mundial puede afirmar ser disciplinado. La gran mayoría de las personas incluso tienen en mente que la disciplina es difícil de alcanzar y puede ser una carga innecesaria; sin embargo, estas personas reconocen el hecho de que la autodisciplina es la clave para disfrutar de un éxito incomparable, pero eligen buscar un camino más sencillo.

Pero¿Qué es exactamente la autodisciplina? ¿Es tal y como las personas creen, una decisión que te priva de las mejores cosas de la vida? ¡Por supuesto que no! La autodisciplina o el autocontrol se refiere a la decisión consciente de establecer planes detallados para sus objetivos y luego mostrar la resolución necesaria para cumplir con el plan independientemente de la situación. Un individuo auto disciplinado no se da la opción de renunciar o alejarse de su camino diseñado, en cambio, la autodisciplina significa que tiene control total de sus emociones, pensamientos y acciones.

La auto disciplina significa que usted

administra su tiempo y muestra la fuerza de voluntad que se necesita para hacer los sacrificios necesarios para alcanzar sus metas. Muchas personas están persiguiendo las mismas cosas que usted y puede ser difícil escapar del montón, pero con la autodisciplina puede comenzar a construir el estilo de vida que le asegura estar preparado para cualquier contingencia. Puedes empezar a seguir tomando las decisiones correctas y tomar las acciones correctas, incluso cuando realmente no le gusta esa acción en particular.

La autodisciplina ha sido durante mucho tiempo el alimento básico para las grandes personalidades en la historia. Les ha permitido trascender los límites que la vida trata de imponer a todos y ha ampliado su proceso de pensamiento a emociones siempre positivas e inclinadas hacía el éxito manteniéndose fieles a sus metas. La autodisciplina es el gran factor en común en las vidas de Steve Jobs, Bill Gates, J.K Rowling, Sir Isaac Newton, Chopin y Albert Einstein. Cada uno de estos triunfadores tuvieron grandes obstáculos en su camino hacía el éxito. Muchos de ellos se han enfrentaron reveses y obstáculos que hubieran derrotado al ordinario, indisciplinado hombre. Pero la autodisciplina cambia tu pique y te previene de rendirte o perderte en la frustración. Los empodera y no solo para hacerle frente a sus desafíos sino para superarlos y elevarse más alto que sus propias expectativas.

Thomas Edison es un ejemplo por excelencia de un individuo que hizo uso de la autodisciplina al crear una vida estructurada y organizada. En muchos aspectos, Edison estaba muy por delante de la mayoría de los otros inventores de su época, simplemente porque planeaba exactamente la forma en que quería vivir la vida y realizar sus experimentos, y luego permanecía siempre consciente y fiel a su plan. Al crear la bombilla, por ejemplo, se dice que Edison realizó más de diez mil experimentos solo para perfeccionar su invención. Sin embargo, no era como si fuera el responsable de cada uno de estos, en su lugar, tenía un gran grupo de colegas científicos involucrados que llevaron a cabo experimentos bajo su dirección.

Habiendo perfeccionado su plan y basado todo su enfoque en el apalancamiento, Edison mostró la disciplina necesaria para mantenerse fiel a sus teorías hasta que alguna estuviera comprobada como correcta o incorrecta.

Esto es exactamente de lo que trata la autodisciplina. Ser capaz de hacer planes y apegarse a ellos. No es la cosa más sencilla de mantener, especialmente cuando las condiciones no son tan optimistas como deberían ser.

Por naturaleza, nuestro cerebro y nuestra mente están conectadas para buscar siempre actividades que nos brinden placer inmediato; por lo tanto, debemos estar constantemente en guardia para asegurarnos de que no siempre nos podemos dejar llevar por la opción más fácil, ya que no siempre es la correcta. Con la autodisciplina, no hay espacio para esto. La autodisciplina te eleva por encima de cualquier otra persona que desee las mismas cosas que tú y te da ese impulso para mantener la perseverancia, el enfoque y la determinación.

Capítulo 2

¿Porqué necesitas ser disciplinado?

"Todos debemos sufrir alguna de las dos: el dolor de la disciplina o el dolor del arrepentimiento y decepción."
–Jim Rohn

La mente representa el órgano más importante del cuerpo humano. Nuestra mente controla nuestras decisiones, acciones y, en última instancia, nuestro destino a través del tipo de pensamiento que tenemos en nuestra mente. Aunque nuestra mente está construida para naturalmente buscar el placer. Por esta razón, si no logra aprovechar su mente y la ordeña para producir pensamientos y decisiones más efectivos y vitales, corre el riesgo de ser guiado a un encargo para tontos. Si no demuestra disciplina, caerá al suelo sin lograr los resultados requeridos, ¿Cuáles son los beneficios de hacer el esfuerzo para ser auto disciplinados?

Componente vital del éxito.

La autodisciplina es un componente integral del éxito desenfrenado. Puede ser bastante difícil alcanzar los objetivos que se tienen en mente, puede ser difícil satisfacer el potencial dentro de ti. Hay tantos obstáculos que pueden afectar negativamente su voluntad y deseo de hacer los cambios necesarios para tener éxito. La autodisciplina te da una ventaja sobre estos desafíos. Si es que no puedes vencerlos de inmediato, ser disciplinado puede darte la fortaleza para seguir atacándolos. Las personas fallan debido a las distracciones que por las fallas reales. Muchas personas fracasan debido a su propia incapacidad personal de mantenerse fieles a su plan de acción que realmente fallando en las cosas que hacen.

Crea una identidad para ti.

Todos saben e identifican a una persona disciplinada como una influencia positiva. Las personas disciplinadas siempre traen la diferencia en lo que están haciendo. La disciplina en ellos dicta que pueden alcanzar ciertos estándares cada vez si hacen el esfuerzo. Por lo tanto, son reconocidos por sus formas únicas y efectivas de hacer las cosas. De hecho, una gran mayoría de las personas reconocen la efectividad de la autodisciplina creen que es complicada y difícil de mantener. Por lo tanto, hay un sano respeto por cualquiera que realmente lo es.

Afina su enfoque.
El enfoque es muy importante. Olvida el viejo dicho de 'matar dos pájaros de un tiro'. La gran mayoría de las veces, no decidir que piedra en particular está destinada a cada ave significa que no va a aterrizar una piedra ni cerca de alguno de los dos. Se requiere un enfoque nítido para eliminar las distracciones y las posibles atracciones laterales que agotan la energía. Con disciplina, aprendes a mantener tus ojos en el premio y te olvidas de

cualquier otra cosa en el camino. Te permitirá alcanzar tu objetivo lo más rápido posible.

Proporciona un mapa claro hacía el éxito.

¿Alguna vez has conducido por la ciudad sin tener un destino específico en mente? Si es así, ¿Cómo puedes describir tu patrón de movimiento? ¿Peligroso, indeciso, rudo, desordenado y sin dirección? Bueno, eso es exactamente lo que parece una vida desprovista de autodisciplina. Sin disciplina, corres el riesgo de simplemente correr alrededor de la vida sin una visión clara de dónde quieres estar. Pero la disciplina no solo muestra un destino claro, sino que le entrega el mapa al destino. Todo lo que tienes que hacer es mantener el camino establecido para ti.

Ayuda a otros a confiar en ti.

La autodisciplina aumenta tu valía a los ojos de los asociados, amigos y familiares. Cuando las personas te han señalado como auto disciplinado llegan a respetar tu capacidad de hacer los sacrificios necesarios. Comienzan a apreciar el trabajo duro que has realizado para crear una reserva de disciplina para aprovechar. Se vuelven mucho más dispuestos a trabajar con usted como si supieran que es lo que exactamente están obteniendo al asociarse con un individuo con una vida tan bien planeada como la suya.

Te enseña perseverancia.

La perseverancia es en mitad autodisciplina. Mostrar firmeza es una de las cosas más deseables que un hombre puede tener. Ser capaz de continuar a lo largo del túnel, incluso cuando no tiene idea si hay luz al final de este, es una cualidad excelente que puede sacarlo de los callejones más cerrados. A las personas disciplinadas les resulta más fácil mantenerse que dar la media vuelta al primer signo de problema o a los problemas que están por venir. Sabiendo exactamente que es lo que quieren les hace más sencillo resistir las tormentas de adversidades o contratiempos.

Te protege de las decisiones precipitadas e impulsivas.

La impulsividad no es un rasgo asociado con las mentes exitosas. Es más común encontrarlo en personas que tienen problemas para apegarse a sus propios planes. En cambio, la disciplina se asegura de que cada paso que tome esté bien pensado de antemano y sea una progresión calculada.

Te motiva.

Con una línea de visión clara hacía su ruta hacía la cima, es difícil no sentirse motivado cuando tiene suficiente autodisciplina. De hecho, la autodisciplina es un producto de su motivación para tener éxito. Por lo tanto, un hombre disciplinado es un hombre motivado.

Crea confianza en sí mismo.

Cuando sepa exactamente lo que necesita hacer, cómo hacerlo y está seguro de lo que va a hacer, puede permitirse estar seguro de sus propias capacidades y habilidades.

Te mantiene a cargo.

¿Prefieres ser un pasajero o un conductor en el vehículo de tu destino? ¿Vas a permitir que la vida te eche a rodar o tomarás las ruedas de tu destino y te guiarás hasta el lugar exacto en el que quieres estar? La disciplina te da la oportunidad de ser más que un simple espectador en tu propia vida. En su lugar, te da la clave para dictar a dónde quieres ir.

Una rutina ordenada.

En retrospectiva, descubrirás que tu rutina diaria es más importante de lo que pensabas. Tu rutina no solo va a determinar lo que pasa hoy, de hecho, determinará hasta que punto tus esfuerzos son exitosos. Por lo tanto, no puede permitirse tener nada más que la mejor rutina ordenada posible y la autodisciplina le brinda las herramientas para establecer y mantener esa rutina.

Capítulo 3

LOS SIETE PILARES DE LA AUTODISCIPLINA.

"La disciplina es el puente entre las metas y logros."
–Jim Rohn

La autodisciplina no solo existe por sí misma. Se apoya sobre ciertos conceptos esenciales. Es imprescindible poseer los siete elementos esenciales si su deseo es ser disciplinado y exhibir autocontrol. Estos siete elementos esenciales se combinan para crear una capa impenetrable de control total y luego puede hacer esfuerzos calculados para usarlos en su propio beneficio. Los siete pilares sobre los que se apoya la autodisciplina son:

VISIÓN

Necesitas tener una visión, objetivos y metas que quieres alcanzar. La disciplina exige que sepas exactamente lo que deseas. Es solo cuando sabes lo que quieres que empiezas a pensar cómo obtenerlo. No puede simplemente ir a través de sus días sin una visión de donde quiere estar la próxima semana, el próximo mes o el próximo año. Debe tener una idea clara de lo que quiere exactamente de la vida para poder introducir disciplina en su personalidad y en sus actividades diarias.

PLAN

La disciplina también exige que usted elabore un plan infalible e inviolable que pueda soportar la prueba del tiempo y los desafíos. Su plan es en realidad lo más importante que puede poseer. Sus habilidades y potenciales son tan buenos como el plan al que espera aplicarlos. Si su plan no es lo suficientemente bueno, ninguna cantidad de autodisciplina puede traerle éxito. En todo caso, su autodisciplina puede asumir ciertas proporciones de vana obstinación y temeridad.

MOTIVACION.

La motivación es el combustible del éxito. Necesita desear las cosas lo suficiente como para poder seguir con sus planes y ver a través de los tiempos difíciles. Si no estás lo suficientemente motivado, rendirse o distraerse viene a la orden. Es posible que se caiga más de lo necesario si no tiene la motivación requerida para perseguir tu visión y planes.

CONFIANZA.

La confianza en tus propias habilidades es el salvavidas que te asegura que nunca dudarás de ti mismo o de tu potencial de crear resultados. Si sufres de baja estima podrás encontrar difícil el perseverar y pasar a través de los tiempos difíciles. Será excepcionalmente difícil volverte disciplinado, ya que tendría que adivinar cada paso y el plan a seguir en lugar de apoyarlos.

AUTO CONTROL

El autocontrol es la capacidad de evitar tomar ciertas decisiones o acciones placenteras en beneficio del panorama general. Se está negando ciertos placeres para permitirle mantenerse enfocado en su objetivo general. Es poder levantarse de su sofá para tomar un turno en la cocina. Si es capaz de perderse ese juego de fútbol para enfocarse en completar sus hitos del día. El autocontrol es una parte crítica de la autodisciplina y se usa de manera casi intercambiable como sinónimo de disciplina.

PERSEVERANCIA.

No se puede negar que ser disciplinado es ser trabajador y nada encarna tanto el trabajo duro como la perseverancia. La perseverancia es la capacidad de mantenerse firme a través de las decepciones, el dolor y las situaciones de estés. Es la capacidad vital para poder luchar para permanecer en el camino que has creado y en el que has decidido defenderte.

SACRIFICIOS.

Puede perderse el juego de fútbol, dormir menos de lo que desea y trabajar más de lo que le hubiera gustado, pero la disciplina recompensará a todos y cada uno de los sacrificios que realice. Por lo tanto, debe hacer los sacrificios necesarios para tener la oportunidad de cosechar las recompensas potenciales más adelante.

Capítulo 4

AMENAZAS A LA AUTODISCIPLINA.

"La disciplina suele disfrazarse de dolor a corto plazo, que a menudo conduce ganancias a largo plazo. El error de muchos de nosotros cometemos es la necesidad de obtener ganancias a corto plazo (gratificación inmediata), lo que a menudo conduce a dolor a largo plazo."
–Charles F. Glassman.

Por importante que sea la disciplina, a más persona les resulta más fácil ser indisciplinados por la sencilla razón de que es mucho más agradable dejar que las cosas pasen sin que se responsabilice de cada una. Pero entonces, incluso las personas más disciplinadas pueden quedarse cortas la búsqueda de disciplina de vez en cuando. Algunos factores pueden afectar la autodisciplina y potencialmente causar una caída del nivel de disciplina que mostramos ¿Cuáles son algunas de las amenazas más comunes a su disciplina?

Negatividad.

Los pensamientos negativos pueden matar cualquier cosa, incluyendo la mente y la disciplina. Los pensamientos negativos surgen como la mala hierba y pueden estrangular los frutos de su disciplina. Si siempre estás pensando en negativo, será mucho más difícil dominar tus pensamientos y reunir la fuerza mental necesaria para ser disciplinado.

Falta de enfoque.

No disperses tu fuego ni tu enfoque. Elija uno o dos puntos de entrada para sus actividades. No dividas tu atención y enfócate en demasiadas cosas a la vez. De lo contrario, puede que se esté preparando para perder la perseverancia y el autocontrol demasiado fácil. Perder el enfoque puede abrumarlo en poco tiempo.

Baja estima.

La baja estima te enseña que no mereces el éxito o ser una mejor versión de ti mismo. Por lo tanto, necesita encontrar una manera de deshacerse de la baja autoestima. Limita tu motivación y te da menos razones para tratar de mantenerte enfocado en tus planes.

Miedo al fracaso.

Hay una falsa seguridad al intentar mantenerse en lo seguro. Intentar jugar de manera segura o mantenerse seguro significa que eventualmente terminará haciendo lo que la mayoría de las personas hacen; al final terminará obteniendo el mismo resultado que ellas obtienen: mediocridad y un nivel medio de éxito en el mejor de los casos.

Procrastinación.

La procrastinación solo es un ladrón del tiempo; también es un ladrón de la fuerza de voluntad. Puede engañarlo inteligentemente para que pierda su motivación de hacer una diferencia. Fácilmente puede hacer que olvide su razón para esforzarse tanto. Puede hacer que falle en la implementación de aspectos cruciales de su plan. La procrastinación puede hacerte perder el viaje que fue diseñado para llevarte a mayores alturas. Lo peor de todo, la postergación crónica puede disminuir gradualmente su capacidad para mostrar disciplina. De hecho, es imposible ser procrastinador y mostrar disciplina al mismo tiempo.

Impaciencia.

La paciencia lo es todo en la disciplina. Incluso cuando sus esfuerzos no estén dando los resultados positivos que espera, no se desespere ni dude en sus habilidades para unir los resultados con los esfuerzos. La impaciencia puede hacer que tires planes bien establecidos por la ventana cuando las cosas parecen tomar un poco más de tiempo de lo planeado. Casi como el contrario de la procrastinación, la impaciencia también puede disminuir su resolución y hacerte olvidar el gran plan.

Capítulo 5

PLAN DE DIEZ DIAS PARA ADQUIRIR AUTODISCIPLINA Y CONSTRUIR UN COMPROMISO CON LAS TAREAS Y METAS.

Al tratar de construir disciplina, no hay espacio para la procrastinación. Si desea comenzar a ser auto-disciplinado y ejercer un excelente control de sus tareas y aspiraciones, debe de ser capaz de crear una base de autodeterminación para impulsar sus metas. La disciplina está destinada a ser un hábito, no una decisión consciente cada vez que necesita tomar una decisión. Necesita convertirla en un compañero constante que se haya pegado a usted y no necesite ser llamado cada vez que la necesite.

Hay una razón por la que le resulta fácil cepillarse los dientes y vestirse por las mañanas sin prestar plena y consciente atención a lo que está haciendo. Los hábitos queman una vía neural en el cerebro y solo necesitan atención subconsciente para ser recordados. Esta es la misma manera en que necesita convertir la autodisciplina en un hábito.

Para desarrollar autocontrol y disciplina como un hábito, he desarrollado un plan de diez días para que lo sigas. Considere este plan como un plan para adquirir autodisciplina y desarrollar un compromiso hacía las tareas y objetivos.

Día 1: Identifique sus prioridades y deseos.

Como dijo Napoleón Hill: 'La autodisciplina comienza con el dominio de los pensamientos. Si no controla lo que piensa, no puede controlar lo que hace. Simplemente, la autodisciplina te permite pensar primero y actuar después'. Necesitas pensar por delante de ti mismo ¿Cuáles son tus prioridades más importantes? ¿Cuáles son los mayores deseos que tiene? ¿Cuáles son sus objetivos específicos, a corto y largo plazo, que desea lograr? No se limite a examinar estos objetivos en su mente. Toma un bolígrafo y escríbelos. Al escribirlos, los cristaliza y los convierte en deseos abstractos a objetivos viables. Comprende tu pasión y úsala para identificar las prioridades más importantes para ti.

Día 2: Evaluar sus fortalezas y debilidades. Cada uno tiene sus propias fortalezas y debilidades únicas; la clave es descubrir cuáles son las tuyas. Tiene que haber un conjunto de habilidades en particular que posea y que sea bueno para lograr el éxito que tanto desea. Debe haber una ventaja única que puede facilitar el logro de sus objetivos. Esto no significa que deba desesperarse si no puede señalar una fortaleza que le ayude a lograr el éxito; enfóquese en las partes más fuertes de su personalidad y atractivos. Sin embargo, tan importante como reconocer sus puntos fuertes, es aún más importante poder evaluar y hacer frente a sus puntos débiles. Sus obvias deficiencias ya no deberían ser una carga para usted. Debe trabajar para llegar a la paz con ellas mientras intenta mejorarlas.

Día 3: Entender sus oportunidades y obstáculos potenciales.
Después de haber comprendido sus propias fortalezas y debilidades, y cómo

trabajar en ellas para extraer su máximo potencial, también debe tratar de evaluar las condiciones actuales y el futuro inmediato en un intento por ver que tan favorables son sus objetivos. Evalúe los factores de riesgo y las posibilidades de éxito de sus actividades antes de saltar a ellas. No te estoy pidiendo que te alejes de cualquier búsqueda que parezca tener un futuro sombrío. No, solo necesitas entender exactamente en lo que te estás metiendo. Realizar un análisis FODA[1] ayudará a comprender el tamaño de las tareas a realizar y a ajustar sus expectativas de manera adecuada.

---

[1] FODA – Es acrónimo para Fortalezas, Oportunidades, Debilidades y Amenazas. Herramienta de análisis que puede ser aplicada a cualquier situación, individuo, producto, empresa, etcétera. Su objetivo es obtener conclusiones sobre la forma en el que el objeto de estudio será capaz de afrontar cambios y turbulencias a partir de sus fortalezas y debilidades internas.

Día 4: Crear un plan.

La planificación es uno de los pilares fundamentales de la autodisciplina. Entonces, después de haber analizado sus fortalezas, debilidades, oportunidades y amenazas, es hora de que cree un plan. La autodisciplina en sí misma es un plan para vivir la vida. Por lo tanto, debe crear un plan lo suficientemente bueno como para soportar todas las probabilidades. Considere los posibles contratiempos y deje suficiente espacio para la expansión y la flexibilidad.

Día 5: Condiciona tu mente.

Aprovecha este día para ajustar tu mente a las tareas por delante. Siéntese y permita que su nuevo patrón de vida y sus expectativas se hundan en su cerebro. Cree la resolución correcta en su mente para salir adelante y mantenerse fiel y comprometido con sus planes. Comprenda que es posible que deba hacer sacrificios, perseverar y sortear una serie de tormentas, pero al mismo tiempo, inserte en su cabeza que su disciplina comienza desde la mente.

Día 6: Eliminar las tentaciones / hacer sacrificios.

La autodisciplina implica ser lo suficientemente fuerte como para dejar ir las cosas que le gustan. Necesitas ser capaz de poder tirar cosas que podrían hacer más pesado tu equipaje. Mira críticamente a tu alrededor; los hábitos que más disfrutas son perjudiciales para tu progreso y éxito. Después de identificarlos, da el paso valiente para echarlos de tu vida. Esto puede ser difícil, pero es un paso esencial en el proceso de la formación disciplinaria.

Día 7: Inspírate.

¿Por qué persigues un objetivo en particular? ¿Por qué realmente quieres intentar este desafío en particular? ¿Es tu motivación más fuerte que tu miedo al fracaso? Si no es así, debe encontrar una razón más apasionada por el cual desea un objetivo en particular. Necesitas encontrar fuentes de motivación e inspiración para tu deseo. La búsqueda de seguir siendo disciplinado es muy útil si estás motivado. Completa tu motivación con citas inspiradoras e historias de personas que lo hicieron contra todo pronóstico.

Día 8: Iniciar el proceso.

Después de crear los requisitos previos, ahora puede comenzar su camino al éxito. Ahora puede implementar su plan y comenzar a progresar. Ahora puede comenzar a poner todo en movimiento. Incluso esto conlleva un nivel de disciplina capaz de batir a la procrastinación.

Día 9: Mide tu progreso.

Debe verificar constantemente su progreso diariamente después de haberlo puesto en marcha. Use este día para medir que tan bien se ha desempeñado al tratar de cumplir con las reglas y pautas que ha establecido en días anteriores. Sea objetivo y bastante crítico con las acciones que ha tomado. Una nota de precaución: No permitas que esta evaluación se convierta en un arma capaz de vencerte.

Día 10: Premiar su disciplina.

Necesitas hacer que la autodisciplina sea un hábito, no un acto. Una de las maneras más fáciles de hacer que un acto se convierta en un hábito rápidamente es recompensarse cada vez que quiera ponerlo en práctica. Vincular su capacidad para hacer sacrificios y mantenerse disciplinado a un acto gratificante lo ayudará a quemar un camino permanente en su mente y permanecer allí. Recompénsese por cada acto de autocontrol que exhiba en las etapas iniciales. Date un capricho o un viaje a algún lugar lujoso. Vincule la autodisciplina con algo que le gusta hacer para afianzarla aún más dentro de su mente.

Conclusión

Las personas exitosas no solo tuvieron suerte o éxito por casualidad. No solo extendieron sus manos para que las cosas cayeran del cielo, sino que trabajaron duro para lograrlo.

Muchas personas trabajan duro todos los días de sus vidas, pero están manchadas con la etiqueta de 'Falla continua'. La principal diferencia entre estos dos grupos y, de hecho, la principal diferencia entre las personas exitosas y otros grupos de personas es que mientras estas últimas esperan y toman lo que sea que les arroje la vida, las personas exitosas salen y toman lo que quieren de la vida. Pero tomar lo que quieres de la vida no es lo más fácil del mundo; de hecho, puede llegar a ser lo más difícil que tendrás que hacer. Aparte de la gran cantidad de obstáculos y aceleraciones que la vida misma pone en nuestro camino, nuestras acciones pueden fácilmente salirse de control y poner nuestros esfuerzos en peligro.

Para asegurarse de tener la mejor vida posible, debe siempre tener un control estrecho de sus acciones; debe poder tomar las decisiones y decisiones correctas para seguirlas con acciones diligentes y controladas que puedan ayudarlo a realizar su sueño de ser exitoso. Debes aprender a construir un autodominio y disciplina. No hay elección de ello; debe permanecer en control de sus acciones, vida y destino construyendo y mostrando el control de su mente en todo momento. O eres disciplinado o no. Y lo mejor de la autodisciplina es que solo se necesita la decisión de tomar el control. Una vez que tenga la convicción de querer ser auto disciplinado, ya está a la mitad del camino. Solo necesitas hacer un seguimiento de esta decisión que cambiará tu vida.

Diez días pueden ser muy pocos para ser totalmente disciplinados, pero en diez días puede sentar las bases para que su autodisciplina se mantenga firme. Permita que las palabras de Brian Tracy lo guíen siempre: 'La autodisciplina equivale a autocontrol. Su capacidad de controlarse a sí mismo y a sus acciones, controlar lo que dice, hace y asegurarse que sus conductas sean consistentes con los objetivos y metas a largo plazo es la marca de una persona superior'. Deje que sus diez días comiencen hoy ¡Deje su superioridad brillar ahora!

Gracias por descargar este libro.

Espero sinceramente que este libro lo haya iluminado más sobre el poder de la autodisciplina y el control. También espero que tengas una idea clara sobre cómo iniciar el camino hacía un increíble autocontrol como medio para lograr éxito en la vida. El siguiente paso es tomar acción y usar la información del libro para crear una gran vida llena de éxito y la capacidad de mantener el control de su propio destino.

¡Gracias y buena suerte!

www.ingramcontent.com/pod-product-compliance
Lightning Source LLC
LaVergne TN
LVHW011947070526
838202LV00054B/4836